U0852329

好书精读
Master
15′

商业新闻出版公司和轻松读文化事业有限公司提供内容支持

别把脑袋放进冰箱

高效能管理

轻松读大师项目部 编

中国盲文出版社

图书在版编目（CIP）数据

别把脑袋放进冰箱：高效能管理（大字版）/ 轻松读大师项目部编. —北京：中国盲文出版社，2017.4

ISBN 978-7-5002-7779-8

Ⅰ. ①别… Ⅱ. ①轻… Ⅲ. ①工作—效率—通俗读物 Ⅳ. ① C935-49

中国版本图书馆 CIP 数据核字（2017）第 051687 号

本书由轻松读文化事业有限公司授权出版

别把脑袋放进冰箱：高效能管理

编　　者：轻松读大师项目部
出版发行：中国盲文出版社
社　　址：北京市西城区太平街甲 6 号
邮政编码：100050
印　　刷：北京汇林印务有限公司
经　　销：新华书店
开　　本：787 × 1092　1/16
字　　数：62 千字
印　　张：10.5
版　　次：2017 年 4 月第 1 版　2017 年 4 月第 1 次印刷
书　　号：ISBN 978-7-5002-7779-8/C · 111
定　　价：38.00 元
销售热线：（010）83190289　83190292　83190297

版权所有　侵权必究　　　　印装错误可随时退换

出版前言

数字文明为我们求知问道、拓展格局带来空前便利，同时也使我们深受信息过剩、知识爆炸的困扰。面对海量信息，闭目塞听、望洋兴叹固非良策，不分主次、照单全收更无可能。时代快速变化，竞争不断升级，要想克服本领恐慌，防止无知而盲、少知而迷，需尽可能将主流社会的最新智力成果内化于心、外化于行，如此才能更好地顺应时代，提高成功概率。为使读者精准快速地把握分散在万千书卷中的新理念、新策略、新创意、新方法，我们组织编写了这套《好书精读丛书》。

这套书旨在帮助读者提高阅读质量和效率。我们依托海内外相关知识服务机构十多年的持续积累，博观约取，从经济管理、创业创新、投资理财、营销创意、人际沟通、名企分析等方面选取数百种与时俱进又经世致用的好书分类整合，凝练出版。它们或传播现代经管新知，或讲授实用营销技巧，或聚焦创新创业，或分析成功者要素组合，真知云集，灼见荟萃。期待这些凝聚着当代经济社会管理创新创意亮点的好书，能为提升您的学识见解和能力建设提供优质有效便捷的阅读资源。

聚焦对最新知识的深度加工和闪光点提炼是这套书的突出特点。每本书集中解读4种主题相关的代表性好书，以“要点整理”“5分钟摘要”“主题看板”“关键词解读”“轻松读大师”等栏目精炼呈现各书核心观点，崇真尚实，化繁为简，您可利用各种碎片化时间在赏心悦目中取其精髓。常读常新，明辨笃行，您一定会悟得更深更透，做得更好更快。

好书不厌百回读，熟读深思子自知。作为精准知识服务的一次尝试，我们期待能帮您开启高效率的阅读。让我们一起成长和超越！

目 录

领导是创造一种环境，让人人都想有所作为，而不是不得不做。创造这种环境，对组织是必要的。领导还得帮大家找到工作的目的，而不只是提供工作与职责。

有了好的心智导演，你就能作出选择，而这些选择会改变你的大脑、神经和心智，还有具体行动。

建设性思考的原理就是在创意思考和批判性思考之间持续转换。有了适当的态度、方法和技巧，人人都可以思考得更完善。

太多人把希望与梦想交给不可靠的运气，然而这个世界上以最快速度成功的人，却把运气掌握在自己手中（虽然他们之中许多人太谦虚，不会那样说）。我希望你自己设计机缘、制造运气、无视传统。

高效能人士的第八个习惯

The 8th Habit

From Effectiveness to Greatness

原著作者简介

史蒂芬·柯维（Steven Covey），全球性管理及领导力开发的专业服务公司——富兰克林柯维公司的创办人兼副董事长。曾被美国《时代》杂志评选为全美最具影响力的25位人物之一。著作包括《高效能人士的七个习惯》《与时间有约》《全力以赴》等。毕业于美国犹他大学，拥有哈佛大学MBA和杨百翰大学博士学位。

本文编译：曾湉菁

主要内容

5分钟摘要

第八个习惯

高效能人士的第八个习惯是找到自己的声音，并启发他人也这么做。

第八个习惯并不是《高效能人士的七个习惯》里七个习惯的附加，它代表效能的另一个维度，可提升那七个习惯的表现。

第八个习惯

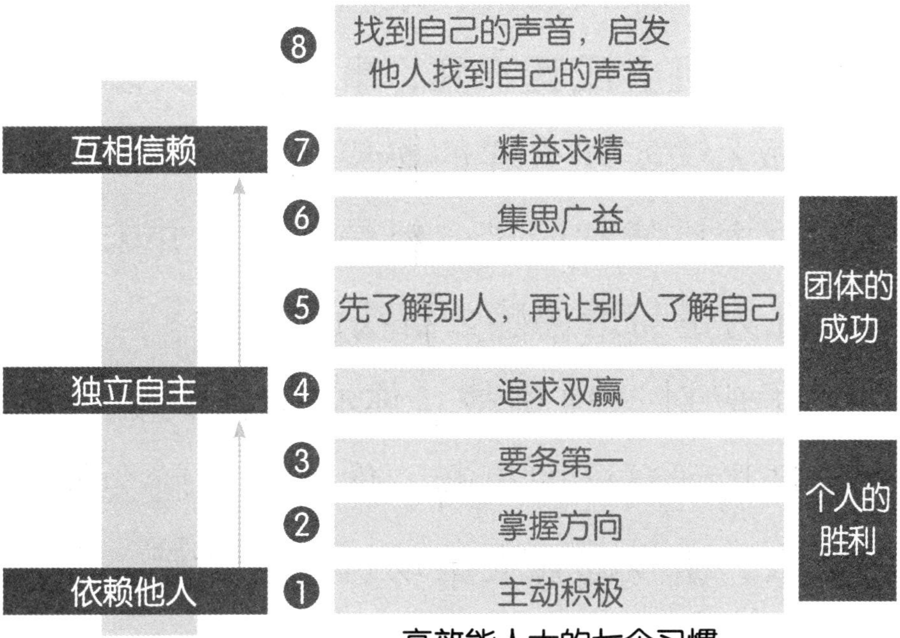

高效能人士的七个习惯

一　找到自己的声音

找到自己的声音，意味着投入能激发自己热情的工作，并真正发挥自己的才能，成就有价值的事业——察觉尚未被满足的需求并满足它。找到自己的声音，是摆脱平庸通往卓越之路。

发现自己的声音

对绝大多数人而言，最感挫折的事之一，莫过于很少有机会成就不凡；事实上，大多数人终其一生都无法实现这样的愿望。人们虽然意识到面临的巨大挑战和困难，但是多数人并未积累足够的内在力量与道德感去解决问题。

为了应对这项挑战，你必须找到自己的声音。一旦找到自己的声音，你的心中就会如同燃起一把火，激发起强大的动机与使命感。要如何找到自己的声音呢？首先了解一下如何以一个简单的方法思考生命。

一个完整的个人，有四个基本组成元素：

◎身体。

◎能够独立分析、思考的大脑。

◎一颗会感动的心。

◎精神，或称灵魂，也就是一个人的哲学中心。

上述每一个元素都有一个相应的基本需求或动机：

◎身体——要活下去。

◎大脑——要学习。

◎心——要爱。

◎精神——要留下典范。

上述元素的最高层次表现为：

◎身体——纪律。

◎大脑——愿景。

◎心——热情。

◎精神——良知。

一旦你开始了解、尊重，并且成功平衡最高层次的表现时，就会产生综合效应。当你开始了解自己实际上能够成就哪些事时，你就会因此变得精神百倍。一旦投入既能激发自己热情，又能满足自己良知的工作，你就会找到自己的声音。这个过程可以说是发现自己的真正使命或解开灵魂的密码。

人类的声音独特又有意义，它包含了下列人格特质：

◎需求——必须通过提供消费者愿意付费的产品或服务谋生。

◎才能——你与生俱来的天赋与优点。

◎热情——使你感到兴奋，能够激起你热情

的事物。

◎良知——有个微小的内在声音或“罗盘”让你确定，自己的所作所为以及行为的时机都是对的。

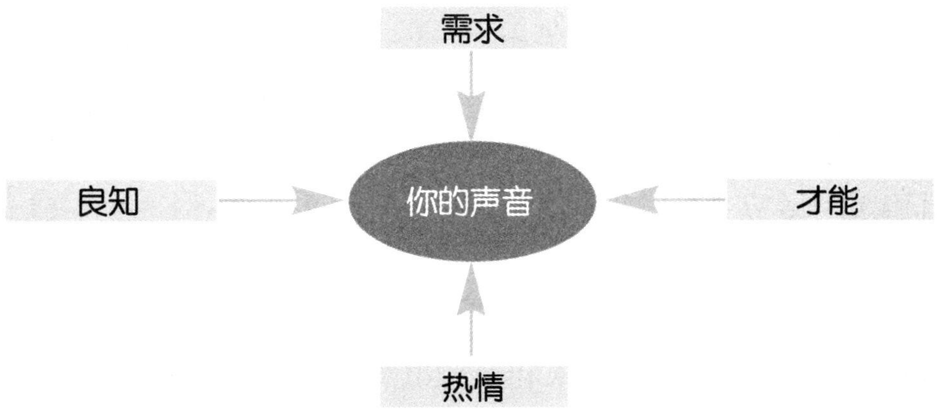

生命的重要挑战就是发现自己独特的声音。这个声音存在于自己与生俱来的潜能之中。一旦找到它，你就不会觉得自己是环境的受害者，你反而会有力量和自信去迎接未来。

关键思维

所有孩子出生时都是天才，然而在10000个孩子当中，却有 9999 个会被大人在不知不觉中养成庸才。

——伯明斯特·富勒，发明家

大多数人在面对困厄时，都只看到问题的表面，只有极少数人会去追究问题的根源。

——亨利·大卫·梭罗，诗人

我发现，通过四个有关生命的简单假设，我们就能够立刻开始拥有更平衡、完整且受人尊敬的人生。这四项简单假设，每一项都是针对人类的特性设计的。我保证，如果你持续不断地依这四个假设过日子，你就会发现自己拥有了新的力量源泉、正直和良知，它们在你最需要的时候就能够派上用场。四个假设如下：

身体——假设你曾经发作过心脏病。现在依照这个假设过日子。

大脑——假设职业生涯的半衰期只有两年。现在依此假设作准备。

心——假设你谈论别人时，这些话会传到他

们耳朵里。就依这种假设说话。

精神——假设你每一季都必须去见老天爷。现在依这种假设来行事。

——史蒂芬·柯维

发出自己的声音

历史上最有成就的那些人都有一个共同点：他们都通过长期努力与激烈的自我挣扎大幅提升了自己的需求、才能、热情与良知，从而增强了自己的声音，扩大了影响力。

同样，为了更坚定地发出自己独特的声音，你必须培养以下四个层面的能力。

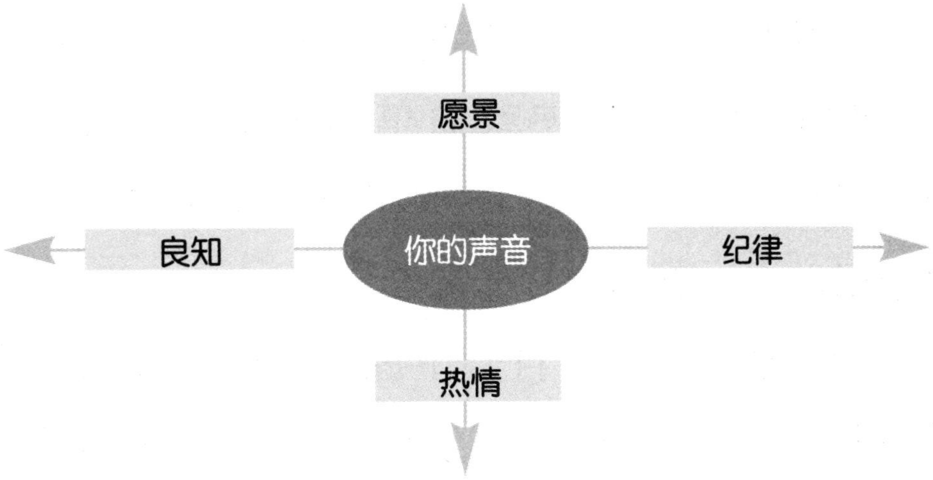

（1）愿景——在计划具体实施前，就能想象出未来会有什么结果。既然大多数的事都是先想象，然后再具体实施，那么愿景不过是想象力的实际应用而已。优秀领导者能看见员工未被开发的潜能，并鼓励他们发挥潜力向目标前进。同样，为了更有力地发出自己的声音，你也必须养成发现他人长处的习惯，并肯定他们的才能。一旦告诉身边的人，你对他们和他们的未来有信心，你就能让他们作出最好的表现。

（2）纪律——意志力的体现。要完成一项工作，必须靠纪律。所谓有纪律就是面对现实，完全掌握事实，坚定地朝最终目标前进。毫无例外，成功的人必然有足够的自律去完成该做的事，而不会专拣方便或简单的事来做。换句话说，纪律的实际意义，就是牺牲眼前的享乐，换取未来的更大报酬。

（3）热情——来自心中源源不断的动力。和有热情的人在一起会受到启发，因为他相信预测未来的最好办法，就是参与塑造未来。有影响力的人总是对自己所做的事情充满热情，因为他已经找到自己在这个世界上的目标与角色定位，以及自己的人生使命。一个人只要对自己所做的事充满热情，就会不需要任何监督而把事情做好。一个人的热情与动力源自内心，而非由外界注入。

（4）良知——明辨是非的道德感。每种宗教和文化都有一套为世人普遍接受的价值观，决定什么是平等、诚实、尊敬与奉献。良知鼓励人们牺牲眼前的好处以成就更好的事。人的私心可能有不择手段达到目的的想法，然而良知会告诉我们，凡是有价值的目标，绝不可能靠卑劣手段来达成。良知将热情转变为同情，使我们能与他人建立信赖关系。简而言之，依良知过日子的人，能享有正直与平静的心灵。

如果你将这四个层面的能力运用于不同生命阶段的角色上，你就能在那些角色中找到自己的声音。看一看你能否肯定地回答以下四个与人生重要角色有关的问题：

◎在家庭、社区和工作中，你发现有哪些需求？

◎如果加以管理和运用，你有哪些才能能满足这些需求？

◎这个发挥自己所长的机会，是否与你最热爱的事情有关？

◎你的良知是否允许你采取行动并积极投入？

关键思维

◆一旦你找到一项能结合外界需求、自身才能与热情的工作时，你的力量就会被释放出来。

◆良知是你做一件事的动机，愿景指引你找出要达成的目标，纪律则代表你达成目标的方法，而热情就是支撑动机、目标与方法的背后力量。

——史蒂芬·柯维

智慧指引你以最好的方法追求最好的目标。

——弗朗西斯·哈奇森，作家

最好的领导者通过四个层面采取行动：愿景、现实、道德与勇气。这是四种智慧、感知方式和沟通语言，可以助人。有远见的领导者从大处、远处和创新的角度思考，最重要的是，他能掌握人类意识与创造潜能的深层结构。控制自己的思考模式，等于确保了最根本的变革、力量和精力，而这正是勇气的真意。

——彼得·克斯坦钱鲍姆，商务顾问

二 启发他人找到自己的声音

在找到自己的声音之后，要持续提升自己的成就感，就需要帮助他人也找到其独特的声音。这最有可能通过组织的力量达成。启发他人就是发掘、重视与创造机会，让其发出自己的声音。把这个观念应用在组织上，就是积极鼓励、影响其他成员找到自己的声音。

每当你从愿景、纪律、热情和良知这四个层面发出自己的声音时，你就展现了自己的领导力。要让组织也找到自己的声音，领导者必须做到以下四点：

（1）以身作则——打造符合组织愿景、顾客需求和公司未来方向的企业文化，以此赢得员工的信任。

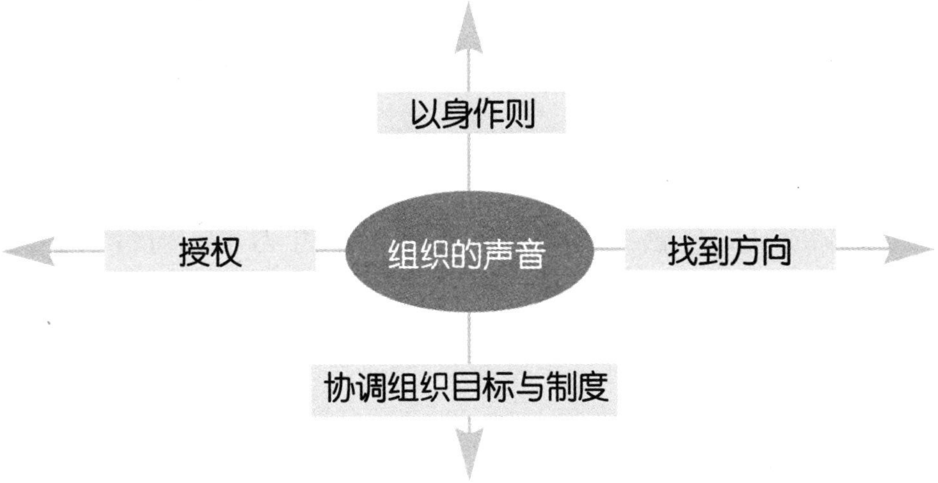

（2）找到方向——组织必须制订有效的策略，让企业顺利达成目标。在寻找方向的过程中，组织会形成应有的秩序，无需刻意要求。

（3）协调组织目标与制度——组织必须建立架构、流程与系统，让成员的行为符合组织要求，并让每个人都朝目标前进。这样员工才有正式的行为规范可以依循，同时还可以增强愿景与授权的效果，而不会让人将其视为强制性的要求。

（4）授权——放手让员工去做，重点是执行而不是方法。在授权充分的组织里，领导者只有在下属要求的情况下，才提供协助和方向引导。授权会释放人的潜力，而无需通过外部激励。

凝聚专注力

专注力包含以身作则和找到方向两个方面，可以帮助组织找到声音，成就辉煌。

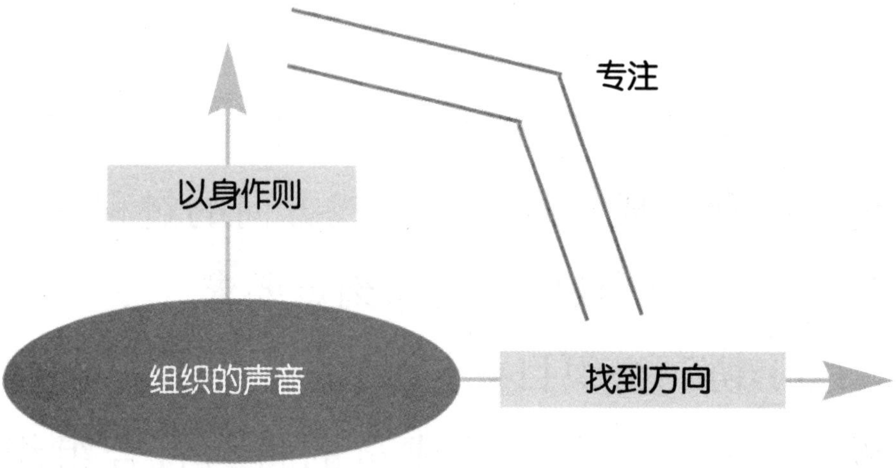

你可以通过下列五种方法，提升专注力。

（1）扩大影响力——不管你是不是老板，你都能影响组织，让组织在未来有更好的表现。具体来说，这需要你积极主动地成为组织的“调整片”。调整片是轮船或飞机方向舵上操控方向的微小装置，虽然不是方向舵，却同样会影响前进方向。历史上不乏没有正式职权却极具影响力的人。这就是你在组织里必须发扬的精神。

具体而言，成为组织“调整片”的意思是：

◎努力创造个人的极致表现，并鼓励你影响范围内的人也这么做。

◎该做什么就做什么，不要老等着别人来指挥。要负起责任，主动解决问题并推动工作往下进行。

◎避免抱怨、批评或负面观点，不要推卸责任。

◎站在老板的角度思考——试着理解老板所承受的压力。在老板委派任务时，先停下来想想看，为什么这项任务是重要的，然后积极主动地去执行，超越老板对你的期望，这会让人印象深刻。

◎秉持信念，鼓励同事坚守原则与良好的作业方法，不要见风转舵，毫无原则。

只要不断做好上述几点，你就会有更多机会主动出击。长此以往，你就会像调整片一样影响组织的方向，并有效凝聚组织的专注力。

（2）让自己值得信赖——长期而言，人的本质比表象重要得多。一个人的人格和能力才是获得他人信赖的重要因素。具体来说，要值得信赖，你必须具备以下特质：

◎正直——做事有原则，不会因一时便利而牺牲原则。

◎成熟——有能力克服自己的弱点，从容地处理棘手问题。

◎心胸开阔——真心为他人的成功感到高兴，不会把每一件事都当作“赢者通吃”的竞争。

◎专业能力——具备完成工作所需的技能与知识。

◎策略思考力——有能力纵观全局，进行策略性思考。

◎领悟力——认识到所有生命在某种程度上

都是相互联系和相互依赖的。

值得信赖的组织会谨守承诺，组织成员也会信守承诺并持之以恒。他们会践行《高效能人士的七个习惯》一书中所提出的七项原则，因此具有个人效率。他们也会有一套自己的规划系统，以提升生产效率并确保自己所做的是最重要的事情。

（3）建立信任——为了启发他人找到自己的声音，你必须先与他们建立深厚的关系。有效、持久的关系总是建立在信任的基础上。世界上大部分工作都是通过不同组织之间或者同一组织内各个成员之间所建立起来的合作关系而完成的。因此，信任度愈高，你能完成的工作就愈多。

信任就像个人情感账户，只要多做一件增进信任的事，你就在账户里增加了一笔存款；要是做了一件破坏信任的事，你的账户就会自动扣款。账户里剩下来的，就是你可以用来投资建立稳定关系的资源。

以下十种方法可以增加情感账户里的“信任基金”：

◎增进相互了解——先了解别人的观点，再关注自己的目标计划。

◎创造信任的环境——不管承诺大小，要永远守信。

◎开诚布公——坦白说出自己的需求，不要耍手段。

◎为人谦恭有礼——避免成见，只相信事实。

◎凡事都兼顾双方利益——与人相处，要懂得尊重对方，要控制自己争强好胜的天性。

◎清楚陈述你的期望——让对方有真正创造价值的机会，不至于走偏方向。

◎即使对不在场的人，也要忠诚以对——显示你的正直和表里如一。

◎愿意接受别人的道歉——显示你不是个狂妄自大的人，承认人人都难免会犯错。

◎真心表达自己的看法，并接受他人的意

见——让周遭的每个人（包括你自己）都有机会察觉自己的盲点。

◎宽大为怀——愿意遗忘别人的错误，尽释前嫌。

（4）融合大家的声音——解决组织内部冲突的最好方法就是寻求既能产生综合效益，又能照顾各方意见的第三种解决方案。一旦组织这样做，就能发出更清楚的声音。

要寻求可行性高又能整合大家意见的第三种方案，需要一种全新的心态。组织成员需要考虑创新的解决方案，同时兼顾别人的立场，持续保持双向沟通。

具体来说，要如何融合大家的声音并找出第三种解决方案，而不是让冲突主导了大家对于问题的认识？当试着找出第三种解决方案时，你应该问问自己以下两个问题：

◎你愿不愿意试着找出比目前双方提出的解决方案更好的方案？

◎在讨论解决方案之前，你是否同意以下这个简单的游戏规则：你必须先清楚完整地重述对方的观点，然后才可以阐述自己的观点。

如果对方也愿意这么做，你们就有机会一起合作，找出对大家都有好处的方案。再一次强调，这是个双赢的方法，而不是你死我活的零和选择。

请注意，综合效益绝不等于妥协。只有协商双方都同意新解决方案比自己原先的方案好并欣然接受，才会产生综合效益。

（5）创造共同的愿景——每个组织都会面临以下四项基本条件：

◎市场环境。

◎组织的核心竞争力。

◎股东的需要与需求。

◎组织的价值观与使命感。

要让所有组织成员都能够有效地专注于达成目标，就必须厘清、整合及协调上述四项条件。在组织的声音成功发出之前，有必要让所有人先达成共识。

那么，你如何让整个组织拥有共同的愿景和价值观？

关键是混合两种元素，创造出第三种元素：

◎组织的使命、愿景与价值观——事实上，这些就是你留在这家公司的原因。

◎日常作业策略——把整体策略具体化为日常的任务，并分派不同的责任归属。基本上，这样的职责分配正说明了“组织要如何完成各项作业”。

组织与成员一旦清楚各自的主要目标，以及该采取哪些行动才能达到目标时，就能积极热情地专注于该做的事。这样，组织就会找到共同的声音，强有力的企业文化也会形成，从而促使组织达成目标。

关键思维

即便把最好的你给予这个世界，你仍然可能受伤害。虽然如此，还是这么做吧！我们很少有人能成大事，但所有人都能以大爱成就小事。

——特蕾莎修女

领导者最需要的特质无疑是正直。没有了正直，不管是在铁路工程队、足球场、军队还是在办公室，都不可能有真正的成功。

——艾森豪威尔，美国将军、前总统

领导要创造一种环境，让人人都想有所作为，而不是不得不做。这种环境对组织来说是必要的。我得帮大家找到工作的目的，而不只是提供工作与职责。身为企业家，我觉得自己有义务创造一个让大家都有归属感的环境，可以实现自我，让人生有目标。正是为了那个目的（生命的价值），大家才愿意真正奉献自己的才智。这样，你才能让他们发挥全力，同时也给予他们最多。企业家若是无法做到以上那些，就是对组织不负责任，同时他也不得不花更多时间来管理员工。

——霍斯特·舒尔策

丽思卡尔顿集团前CEO

◆如果你自己的人生都一团糟，或者你根本就不值得他人信赖，那么你就不可能大幅改善与他人的关系。这也是为什么要改善人际关系，最终还得从自己开始。你必须先改善自己。

◆让自己值得信赖——信任是所有关系的基石。同样，信任也是凝聚组织的力量，就如水泥将砖块粘在一起一样。信任有三个来源：个人、组织以及人与人之间。一个人刻意信任另一个人，会让对方不负所望。信任是动词也是名词，代表人与人之间可以共同分享与互惠。这也是下属如何“领导”上司的精髓——通过给予信任而赢得信任。

——史蒂芬·柯维

提升执行力

执行包括授权与协调，可以帮助组织找到声音，成就卓越。以下是提升执行力的两种方法：

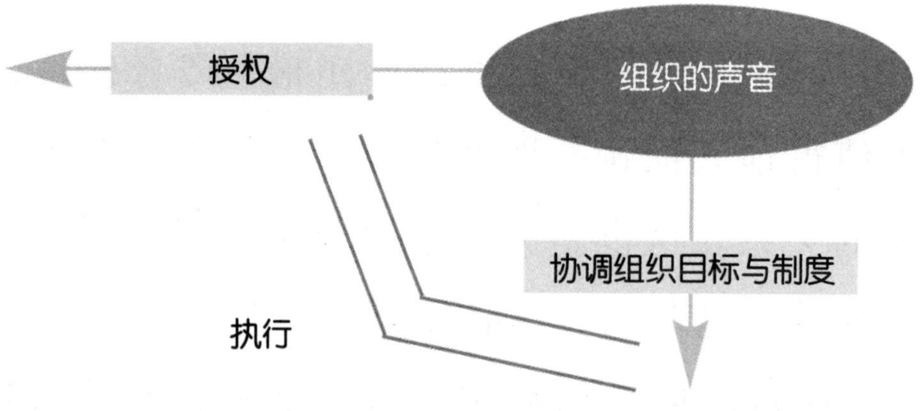

（1）协调目标与制度——组织必须设计、运用强化核心价值与最高策略重心的制度和架构。制度总是强过经理人的说辞与好意。在这方面，采取行动绝对胜过坐而论道。

怎样去建立与组织目标一致的制度呢？你可以通过以下方法达成：

◎建设符合组织价值观的信息系统——可以同时评价短期、长期效果。

◎建立一套尊重、强化组织价值观的薪资制度——把合作与综效视为薪资制度的关键元素，奖励团队合作，而着重突出个人努力。

◎抱持心系大众的心态——使人人在达成组织希望的成效时，都有可能得到奖励；让奖励对象不只限于组织内部表现最杰出的人员。

◎保持企业体制与流程的弹性——聪明地依状况进行调整，而不是被行不通的制度所局限。

◎时时观察业界顶尖企业的做法——向它们学习。学习它们有效的做法，看看类似方法是否能够为你的组织带来好处。

◎设定通畅的意见反馈系统——让大家的点子不被抵制或擅加更改，可以在组织内部发布。要养成习惯，常常询问组织成员："你认为我们该怎么做才好？”你会惊讶于员工提出的有用信息。

◎平衡短期、长期成效——要避免为了一时方便而损害组织的长期利益。

◎评价最重要目标的进度——让组织的每位成员对各项作业的状况都能清晰、准确、及时地把握。你能提供给一线人员的有用信息愈多，对组织就愈有利。

（2）授权——组织一旦重视值得信任的行为，就在无形中激发了员工的信任感。只要找到方向，不用强迫员工，组织自然会形成应有的秩序。授权是个人与组织建立信任感之后的自然产物。员工只要获得充分授权，就会通过做热爱的事来找到自己的声音。这样，员工的声音与组织的声音就能融合在一起。

只要获得授权，员工就不需要什么监督，甚至完全无须监督。员工会自动自发地运用组织的优势，形成一种有方向的自治。经理人的角色也就从监督者变成了协助者。他们与员工合作，一起去除障碍，并成为持续协助、支持员工的力量。

组织最重要的授权形式包括：

◎组织与员工之间的双赢协定——员工可以清楚地了解组织的目标，至于如何达成目标，则由员工全权做主。这个协定必须具有弹性，可以依照环境的变迁作调整。

◎自我评估与绩效考核——员工根据周遭同事提供的全面反馈意见，评估自己的表现。获得充分授权的员工，对自己的评估会比他人对自己的评估还要严格，因为他对自己的真正弱点心知肚明。

◎仆人式领导——领导者在创造充分授权的环境后退到一旁，只有在员工需要时才提供协助。仆人式领导关注的是把事情顺利完成，而不是享受别人的曲意奉承。基本上，领导者从旁观察，常常询问员工下列问题：

——事情进行得如何?

——你学到什么新事物?

——你正在忙什么事?

——我如何能帮助你达成目标?

总而言之，第八个习惯的关键在于：使个人、团队与组织都能找到自己的声音。

关键思维

启发别人达成优异表现的最佳方式，就是通过所做的每件事与日常表现出来的态度，证明你是全心支持他们的。

——哈罗德·吉宁，ITT 前任董事长

使组织的架构、制度与价值观、策略保持一致，是经营与管理面临的最大挑战之一，因为制度与架构代表着旧有的体制，亦即传统、期望和假设。

——史蒂芬·柯维

缩小执行力与专注力之间的差距

以下方法可以帮助组织缩小执行力与专注力之间的差距：

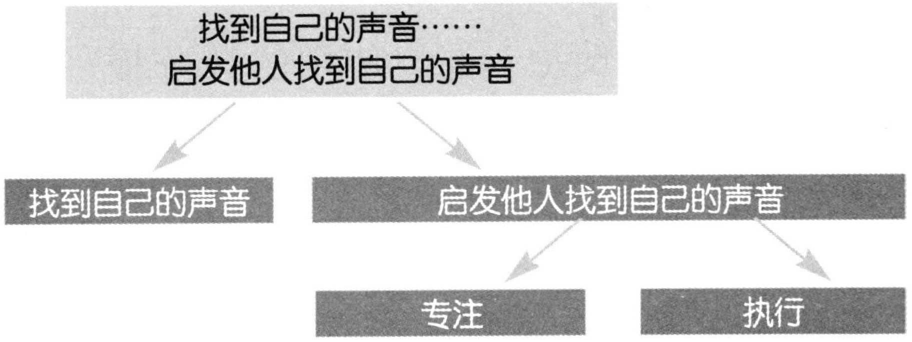

（1）总是专注于最重要的事情——一个人一次只能把一件事做到最好，这是人与生俱来的特点。因此，你只能设定少数几项最具有重大策略意义的目标，让其发挥最大影响力。

该如何决定对组织来说超级重要的 2～3 项目标呢？

◎以目标的重要性筛选——哪些目标若没有达成，其他目标就会变得黯然失色或无法获得预期效果？

◎以利益关系人筛选——对利益关系人而言，哪些目标最重要？

◎以策略筛选——哪些事情对于推动策略影响最大？

（2）创造一个人人都想使用的计分板——当员工知道自己在被评分的时候，做事的态度就会改变。因此，设计一个清晰明了的、能反映员工实际绩效的计分板很重要。

计分板必须反映大家朝超级重要目标前进的进度，可以随时反映大家的表现，并且容易使用。计分板必须每天更新，以反映最新事件产生了哪些影响。

计分板可能是柱状图、趋势线、圆饼图或甘特图，或许看起来像气温表或速度表。

（3）将伟大目标转变为具体行动——伟大目标与一线的实际状况之间总是存在巨大差距。领导者阐述的是纸上的策略，员工每天在做的才是真正的策略。向员工解释如何通过实际行动达成组织目标，才能缩短纸上策略与实际策略之间的距离。

通常，这需要一些创意。你得找到达成目标所需的新方法，使目标与每周或每天的具体任务挂钩。如果你想让一线员工获得充分授权，就必须这样做。

（4）让员工随时为绩效负责——员工必须每月、每周或每天定期开会，讨论目标进度，以便组织持续调整作业的重心，把注意力放在超级重要的目标上。

进度会议要发挥应有功效，就必须简短，具体做法如下：

◎快速报告手边的重要议题。

◎快速讨论大家想到的新解决方案。

◎进行意见交换，经理人把重点放在厘清组织未来要走的大方向上，并且为组织成员排除障碍。

建立一个具有执行力的组织，就必须定期

评价、追踪组织的表现。有人开发出一套评价执行力的方法，类似智商 IQ，称为 XQ（执行商）。XQ 可以通过定期开会，利用从员工收集到的信息来衡量。如果组织的执行力有所改善，XQ 也会提升。

组织一旦有效运用第八个习惯，就可以用它的声音帮助他人。这样组织就可以引领社会解决最迫切的社会问题和社会需要，同时增强组织持续经营的能力，并且将社会推进到一个前所未有的大智慧时代。这时的组织不会只在意有什么好处，还会关注能为社会贡献什么。

关键思维

我认为提供有用的服务是人类的共同责任。只有在牺牲小我时，私心才会消失，人类伟大的情操才会被释放出来。

——小约翰·洛克菲勒，美国知名企业家

善用你的心智导演

Your Brain at Work

Strategies for Overcoming Distraction, Regaining Focus, and Working Smarter All Day Long

原著作者简介

大卫·洛克（David Rock），国际企管顾问机构——成效教练系统的创办人及CEO，辅导过多家《财富》500强企业，致力于将整套教练制度融入企业文化之中。他还创办了神经学领导力学会，并在牛津大学等多个大学担任客座讲师。著作有《创造你的最佳表现》《默默领导》《顺着大脑当教练》等。

本文编译：郭政皓

主要内容

5分钟摘要

让脑力化为最强工作力

不管科技怎么进步，大脑仍然是一个人的最大资产。不论在哪个领域，都要了解自己的思考方式，引导大脑向理想的方向思考。只有深入了解大脑的运作方式，才可能提升自己的工作表现。

要更好地运用大脑，有 5 个基本方法：

（1）学会顺应大脑的运作，而不是与之抗衡，以作出更好的决策，更有效地解决问题。

（2）活用脑中的“导演”机制——关注和调整自己的思考过程。

（3）明白大脑天生就会把危险降到最低，把奖励放到最大，从而懂得如何在压力下保持冷静。

（4）学会从大脑的角度看世界，更好地与他人合作，影响他人。

（5）不再只着眼于问题，变得更注重解决办法，从而更有效地促成他人的改变。

关键思维

在任何领域，认识大脑都可能是提升表现的最佳办法，尤其是在必须共同合作的团队环境中。数千年来哲学家们常说，认识自己是迈向健康、成功人生的关键。近期大脑研究的成果，也让我们可以从新的角度去思考自我意识。你有没有能力去改变自己、改变他人甚至改变世界，其实就看你是否了解自己的大脑，介入原本自动运作的思考过程。

——大卫·洛克

一 顺应大脑的运作

与过去相比，现在有更多人靠思考来赚取收入，而不是从事简单的体力劳动。人脑作决策和解决新问题有其先天的限制。理解并顺应这些限制，而不是去对抗它们，就能提升表现。

要达成高水准的工作表现并保持下去，真正秘诀并不在于购买最新款的电脑、智能手机或是买一台未来概念车。要提升表现，就要熟练运用大脑，并且配合大脑喜欢的运作方式来规划工作。脑科学的研究已经使我们有办法做到这一点。

在现今的工作环境中，我们大都会遇到以下6项挑战：

有太多电子邮件要处理

目前已知，我们在作决策和解决问题时，

运用的是大脑的前额叶皮质区。我们不妨将大脑的这个区域比作一个小剧院的舞台。所谓演员——想法、记忆或印象，可以登上舞台彼此互动，结合成新的组合。这方面的研究让我们知道：

◎大脑这个心智舞台很小——一次只能容纳3~4个演员。

◎要照亮这个心智舞台，必须耗费大量的能量，而且持续时间很短。你的思考只有一小段时间可以发挥到极致，然后表现就会下降。

◎最伤元气的心智活动就是安排优先顺序，这对大多数人来说都是件辛苦的事情。

这样看来，要应付周一到周五每天早上都得面对的大量电子邮件，比较符合大脑喜好的做法是：

（1）先花时间和心力排出优先顺序，想清楚你打算做的这些事情当中，哪一件最耗费心力，哪一件又会创造最大效益。早上一进办公室就先为工作排序。

（2）将能带来最大效益的困难工作，安排在你头脑清醒又灵活的时间段做——最有可能是在一大早，或是在充分休息之后。另外还要安排一段特定的时间去回复当天的电子邮件，这样就免除了回信的烦恼。

（3）安排不同的时间段做不同方式的思考，不要以为你可以整天都做费脑力的事情，那是不可能的。

（4）把复杂的概念转化成视觉图像，然后用这些图像暂存信息，之后再去专心处理。不要试图同时记住太多事情，以免大脑的舞台变得过于拥挤。

要处理高度复杂的问题

有时候，事情可能复杂到让你一想到就头疼。脑科学研究显示，这是由你一次让太多演员站上你的心智舞台导致的。研究结果告诉我们：

◎脑中一次不要想 4 件以上的事情，同时想的事情愈少愈好。

◎新的构想在心智舞台上所占的空间，大过你已经很熟悉的构想所占的空间。

◎要作决策时，最好是在两个选项之间选择，待选项不要超过 3 个。

了解到这些和大脑有关的事实之后，我们就可以找出比较符合大脑运作的方式来处理复杂问题：

（1）先设法简化复杂的新构想，可采用粗略的方式或是专注于一两个要点，直到逐渐熟悉为止。

（2）将信息按类别分成几组，或许可以将一个大规模的项目分成大约 4 个部分，以便于你掌握。运气好的话，你可以清楚看出相同的模式或是共通之处——或许你能采取之前的做法。

（3）在头脑清醒的时候，先让最重要的演员上台。持续练习这项技巧，不要让那些讲话最大声的演员霸占了你的心智舞台。要先做最有成效的事情。

必须在时限内同时完成多项工作

我们有时在工作上可能必须同时处理5件事情。有些人甚至很骄傲地宣称自己可以一心多用，但脑科学已经明确证实这是做不到的。号称可以一心多用的人，顶多是在思考一件事情后，熟练且快速地转换到另一件事情上。但是各种互相冲突的想法在脑中来来去去，会花去很大心力。

另外，研究也证实：

◎当你同时思考几件事情时，犯错的概率会增大。你可能在不经意间将一件事情和另一件事情搞混。如果你做的事情必须绝对正确——就像处于生死关头，那么最好就专心做它。

◎一心多用的假象多出现在同时做两件已经熟悉到能够不假思索地完成的例行事务时，那样的工作不需要花太多心力就可以做好。

面对必须同时处理多项工作的状况，比较符合大脑科学的做法是：

（1）当你发现自己必须在规定时限内完成两项（甚至两项以上）工作时，要刻意放慢步调，先切实把一项工作做完，然后再去做下一项工作。不要自欺欺人，以为自己可以一心多用。

（2）如果实在没有办法，不得不同时做好几件事情时，就要将必须靠清晰头脑才能完成的事情，和另一件可以不假思索完成的例行事务一起进行。

（3）将你的工作事项排出优先顺序，依序进行，要避免累积一长串等着你去做的事情。

有太多令自己分心的事物

人类很容易分心：现代的科技产品几乎从不停止运作，而且外界又有那么多令人分心的事物。同样，内心的烦忧也不少。我们的基因早已设定好会去注意各种风吹草动，以免我们的生命受到威胁。

脑科学的研究显示：

◎自我反思是造成分心的常见原因，尤其是

在青少年时期。

◎令人分心的事物会耗尽我们有限的心智能量。

那么你该如何处理令人分心的事情?

(1)如果要处理一项非常困难的工作，那就排除所有让你分心的事物，保持清醒的头脑和专注力。这个方法听起来似乎已是常识，但它确实可以大大提高工作效率。

(2)如果出现令自己分心的事情，就要快刀斩乱麻般地及时处理，以免让它如滚雪球一样越变越大。也可以做些具体事情，例如打电话给项目的供应商，从而分散自己的注意力。

面对精益求精的压力

早在一百多年前，脑科学的研究人员就已发现甜蜜点——可以让人达到巅峰表现。他们发现，一个人要想进入最佳状态，一个关键的决定性因素就是压力。如果没有压力，一个人就会表现平平；如果压力太大，也根本没有办法表现得好。适度的压力会让人反应更灵敏，达成高水准的表现。这方面的研究还发现：

◎对压力的反应因人而异。同一件事情，是让人奋起应对还是让人退却、回避，完全因人而异。我们在这方面天生不一样。

◎当压力适度时，一个人就可能全心投入、干劲十足，达到巅峰表现。

那么，要怎样才能经常进入最佳状态？

（1）先密切观察自己一天下来的敏锐时刻和投入程度。设法找出激发自己进入最佳状态的事物，以便将来再次营造出这样的氛围。

（2）试着感受各种程度的压力，明确找出多大的压力有帮助，多大的压力会削弱工作能力。

（3）通过尝试和失败，了解什么程度的紧迫感会激发你的表现水准。有些人非得等到重要的期限逼近，才会感到有动力；有的人则觉得太过紧迫会扰乱思考。找出什么样的方法适合自己，以后才能在必要时达成更好的表现。

必须突破思考停滞状态

脑科学已确认，思考停滞是有可能的。思考停滞是一种障碍，会阻碍你的思考或联想，让你想不出答案。每个人都会经历思考停滞，尤其是在你想尽办法要发挥创意的时候——现在工作中约有 50%都需要用到创意，因此这可能造成严重的问题。

脑科学在这方面还有其他重要发现：

◎人脑在思考一个问题时，很容易陷入与别人相同的思维中，这就是所谓的思考停滞现象。

◎让大脑休息一下，则可能走出停滞状态，浮现一些新的联想，而且还可能能减少错误答案的产生概率。

◎一个人愈是感到开心和放松，就愈容易产生新的构想。

了解这些事实之后，当你遭遇思考停滞时，可以采取以下方法：

（1）设法消除压力。看看能不能将完成的期限延后，稍事休息，并做一些和往常不一样或是能让你的心智放松的事情。

（2）试着让大脑平静下来，看看有没有什么模糊的想法或联想。也许它们一直都在你脑际徘徊，只是你过去太忙没去注意而已。

（3）试着寻找新的联想。不要一下子深入到最核心，要拉高层次去寻找模式。这么做或许能让你看出一些值得探究的新方向。

（4）设法简化手边的难题，回到最基本的元素上。看看能否激发出一些新颖的想法，为你指明新的前进方向。

（5）尝试运用觉察—反省—见解—行动的模式。觉察是看自己有没有钻牛角尖，反省是看自己在思考过程中有没有什么缺陷，见解可能是两个之前没有关联的想法结合起来的结果，行动自然是实现目标所采取的手段。

二 驾驭你的心智导演

大脑里有个天生就存在的角色——心智导演，游离于你积极的思考过程之外。心智导演可以注意到当下的状况，并决定你的大脑要如何回应。要提高效率，就要启动你的心智导演机制。心智导演变得愈积极，你就愈能掌控自己的思考和行动。

在20世纪70年代，当认知科学家最初发现大脑的这种执行功能时，他们想出“内观”这个词来表示它，也有人称之为“自我意识”“元意识”或“自我认知”。心智导演是人类天生有别于其他物种的能力，它使我们可以随时从自己的直接体验中退后一步，从旁观察自己当下的思考。

心智导演的存在和作用，与灵异、宗教或

任何形式的冥想无关。它是一种心智状态，每个人原本就有能力随时启动它；而且愈常启动，其发挥的作用愈强。每个人都有这种导演机制，但是实际的内观能力会因每个人的状况而大不相同。

人的心智导演会拟出一段“剧情”——各个角色彼此互动的故事情节。大脑会运用这个剧情，将拥有的大量信息生成有意义的事实和资料。经过这项心智活动之后，就会产生所谓的“大脑地图”，又可称为“大脑网络”或“大脑回路”。大脑地图会随着时间和经验而逐渐演变，因此一位经验丰富的律师就会有一张内含数千个法律案件的大脑地图，而一位住在澳大利亚内陆的原住民，所拥有的则可能是包含水源地的大脑地图。

每个人都有一张“预设地图”，在没有特别思考什么事情的时候，它会特别活跃。你的预设地图（或称为“预设网络”）包含了规划、做白日梦以及反复思考其他事情等活动。当你在思考过去或是规划未来时，也会用到预设地图。预设地图会处理你所接收到的信息，然后加以诠释。比如，当你坐在湖边放松休息的时候，突然吹起丝丝微风，你的大脑地图就会提醒你，夏天快要过去，冬天就要来临。然后你就会开始想起自己最爱的滑雪地点，还有滑雪服要送去干洗，冬季的衣服准备拿出来用了等。

了解了大脑地图，你就会发现有趣的事情：

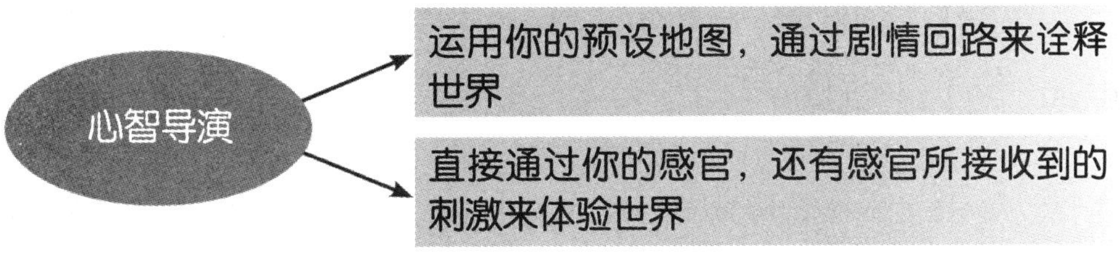

心智导演可以刻意选择，是让你通过大脑地图来体验世界，还是让你注意到自己的直接体验。你则可以选择，是纯粹运用自己当下接收到的即时感官刺激来应对状况，还是更理性地来看事情。当你有意识地作出决定——选择启动心智导演机制时，你也就改变了自己大脑的运作方式。启动心智导演的频率会对大脑造成长期影响。

应注意的是，要启动内在的心智导演机制并不容易，尤其是当身边有很多事情在进行或是在压力下必须把事情做好时。你很容易因为要应付每天工作上的需求而被绑住，可能好几年都无法有效地启动自己的心智导演机制。

关键思维

自我意识是一种能力，可以让你跳出自我的框架，从客观的角度尽可能深入地检视自己。这就像从第三方的视角来看自己，宛如自己变成了摄像机，从镜头观察自己的反应。发挥自我意识的作用，其实就像是在和另一个人互动。这正是脑科学正在努力探究的事实。

——凯文·奥克斯纳

美国哥伦比亚大学脑科学实验室主任

内观是一种习惯，一个人愈常进行内观，进

入这种模式所花的力气就愈小。这是一种可以通过学习而获得的技能，是对我们原本就具备的能力的利用。内观本身并不困难，难的是要时时提醒自己进行内观。

——约翰·蒂斯代尔，心智科学家

◆我认为，了解大脑可以提升你的工作效率。在对自己的大脑有所认识之后，你可以时时作出不一样的决策。脑中有一个角色，我称之为心智导演。心智导演是一种比喻，指你意识的一部分，它可以超越你当下的体验。心智导演看着你的人生如何展开，决定你的大脑如何回应，有时甚至会更改“剧本”。

◆在你醒着的时候，预设地图大多处于开启状态，运作起来也并不费劲。这个地图没什么不好，重点是要不要只通过这个地图去思考，而使自己对世界的体验受到局限。

◆善用心智导演的方法就是经常练习运用。多项研究显示，经常启动心智导演机制的人，大脑的架构真的会发生改变。你在吃饭、走路、讲话或是在做其他任何事情的时候，都可以练习启动心智导演机制。有位导演在舞台旁边盯着，你这位演员就可以变得规规矩矩。当这位导演注意到你思考的转变，你就会更善于使用语言来表达自己的体验，从而让自己能更快察觉模糊模式的出现，从而让你更有办法做出细微的改变。

——大卫·洛克

三　在压力下保持冷静

你的大脑绝对不只是进行逻辑推理。在你人生中的每一个时刻，它都在不断分析周遭的环境是危险的还是有益的，并通过情绪反应告知你分析的结果。运用心智导演去控制情绪，不但能让你在压力下保持冷静，还可让你在这个混乱的世界中变得更有效率。

人脑有一项最高指导原则——尽一切可能将危险减到最低（避凶），并且将收获放到最大（趋吉）。一般来说，避凶的反应往往会比趋吉的反应更快速、强烈和持久。

在工作中，一般有三种因素会让你的大脑脱离有效运作状态。

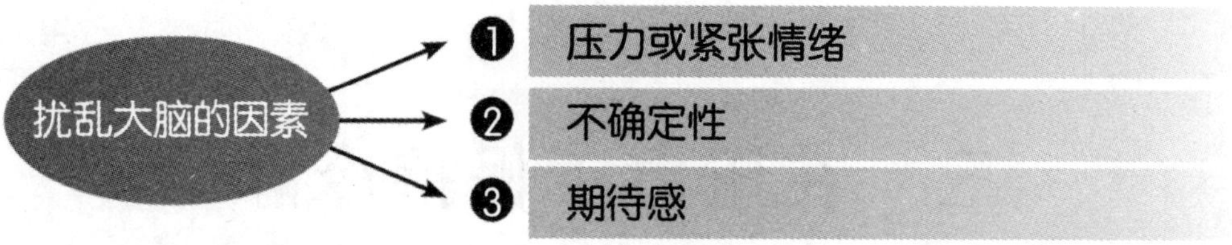

脑科学提供了一些有趣的线索和建议，告诉我们如何有效克服这些会让大脑分心的因素。

压力或紧张情绪

研究人员发现，情绪体验和一种称为边缘系统的大脑网络有关。边缘系统的范围很大，它将你的情绪与想法、物体、人、事情联系起来。边缘系统很容易被激发，而且通常会采取避凶的反应，将危险减到最低。

说到情绪，我们有以下认知：

◎情绪来的时候如果刻意压抑，它只会变得更强烈。

◎压抑情绪还会大大削弱你对眼前事物的印象。

◎当你明显压抑强烈情绪的时候，别人也会感觉不自在。

了解到这些简单事实之后，我们在工作中面临高度压力而产生情绪反应时，便可以采取以下符合大脑运作的应对方式：

（1）当感受到某些情绪出现时，你要退后一步，让心智导演将这些情绪标示出来，从而避免激起你的边缘系统，使情绪失去控制。积极利用心智导演机制来观察自己的情绪状态，就不太会说出或做出自己日后会后悔的事情。

（2）警惕使你变得更加焦虑的诱因，要设法在这些因素影响你之前就将其排除。另一方面，成功人士懂得如何善用压力来激励自己，让表现更上一层楼。

不确定性

大脑会自动寻求奖励。确定性和自主性是大脑喜好的奖励；不确定性和自主性的降低，则会被大脑视为威胁。因此强烈的情绪（以脑科学的术语来表示，就是边缘系统的进一步激发）通常与奖励、威胁相关。

这方面的研究有以下关键发现：

（1）确定性和自主性所引起的情绪非常强烈，仅是注意和标示出来可能不足以阻止情绪产生。这时候，重新评估会更适合。

（2）重新评估可以是去诠释一件事情，比如“一开始我把这视为威胁，不过现在我将其看成一个机会，让我可以去达成不一样的成果，而且可能做得比以前更好”。或者你也可以告诉自己，在面对新状况时感到些许焦虑是非常正常的。你还可以刻意采用他人的视角，体念他们的感受。

重新评估是在压力下保持冷静的重要方法，具体可以这样做：

（1）警惕不确定性加剧或自主性降低的时候。要注意其最初迹象，并采取防御措施，想办法找到更多选择或提高自主性。

（2）如果你真的感受到强烈的情绪，就要尽快进行重新评估。设法重新诠释状况，调整自己的价值观，以平常心来看待问题或是改变自己的观点。

（3）经常重新评估自己的状况。每当你感到焦虑时，可以这样提醒自己：“焦虑只是大脑自己运作的结果，我知道该怎么应付。”

期待感

当大脑意识到在不久的将来可能有奖励时，就会产生期待感。大脑非常容易产生期待，甚至可能因此而选择性地接收信息。我们常会看到抱持高度期待的人只接收符合自我期待的信息，而完全忽视其他信息。

脑科学有一个分支被称为神经化学，其研究已证实期待会改变大脑的运作。大脑中有一种化学物质叫做多巴胺，它与一个人的感觉、思考以及学习能力有关。当期待获得奖励时，多巴胺分泌就会增加。如果这个奖励并没有及时出现，多巴胺就会迅速减少。科学研究证实，适度的期待感，其效果可能和一剂吗啡不相上下。

这方面的研究还发现：

◎过度的期待会被大脑视为一种奖励，造成

多巴胺的分泌增加。

◎期待落空会造成多巴胺水平大幅下降，大脑活跃程度也不断降低。

◎适度期待未来会有好事发生，是人们在大多数时候感到快乐的基本原因。

我们可以将这些发现应用在工作上：

（1）在任何情况下，都要设法敏锐察觉自己对于可能结果所抱持的期待。不妨常问自己："我觉得最好的状况会是怎样？"

（2）经常把期待设得低一点儿。告诉自己，一定要务实，现实中可能打乱心中完美计划的因素太多了。用理性来降低期待并使其达到适当的程度，而不要过高。

（3）让自己保持积极心态。找出务实的方法，让工作成果可以稍稍超越被降低的期待，即使超出的幅度不大也无所谓。如果你抱持的期待较低，那么就算没有获得奖励你也不会太在意；如果获得奖励，你则会大感振奋。这会让你无论工作顺利与否，都可以保持平和的心境。

（4）万一你的积极期待落空了，要避免因此而沮丧。要提醒自己这是因为大脑在减少分泌多巴胺，所以才会造成这种感觉。了解表象之下的真实状况，你的感觉就会好一些。你还可以做一些简单的事情，让情绪逐渐好转。

关键思维

有一项著名的心理研究：一个下肢瘫痪的人，通过手术重新站起来后，其快乐程度与一个中奖的人相同。显然人人都在努力做积极的诠释，即使是在最糟糕的状况下。你永远都可以针对某种状况所代表的意义，用你的方式来诠释，而这就是重新评估的根本意义所在。情绪反应终究源于我们对世界的诠释，如果能改变诠释，也就能改变我们的情绪反应。

——凯文·奥克斯纳

美国哥伦比亚大学脑科学实验室主任

◆随着愈来愈了解自己的大脑，你会发现，自己的许多小缺点和错误其实是源自大脑的运作方式。你没办法一边思考复杂的工作事务，一边在家里走来走去。你必须靠不确定性激起边缘系统，来学习复杂的新事物——例如在没有翻译陪同的情况下，自己在日本搭地铁。这种情况下你往往会犯错，但那都是大脑运作的缘故。

◆卓越的运动员都知道该如何掌控自己的期待。有赢的可能时，他们不会过度兴奋，以免削弱注意力；如果担心会输，他们就会设法降低自己的期待。要掌控自己的期待，需要运用强有力的心智导演。当静下心来注意自己的心智状态时，你就能选择不同的思考方式。卓越运动员会察觉自己的注意力，然后作些微调整。他们的心智导演注意到心中的期待太高时，便会选择抑制兴奋的程度，命令大脑专注于当下。

——大卫·洛克

四　从大脑的角度看世界

现在很少有人能独自一人工作。要有好的表现，就必须善于与他人合作。如果能够了解大脑的基本社会需求，就能避免冲突，增进合作。大脑渴求人际联系，需要安全感。

人在团队中与他人合作时，通常会遇到三种问题：

脑科学在这方面也提出了一些有趣的方法，来应对大脑天生的社会需求。

脑科学近年来有一项极为惊人的发现，证

实了大脑对人际联系的需求程度，就像身体渴求食物和水一样强烈。大脑比过去认为的更像社会性动物。研究人员还发现它有以下几种社会需求。

安全感

◎与他人的联系能够带来安全感，这对一个人的身心健康至关重要，也是良好合作的基础。你必须努力建立有价值的人际联系，才能促进合作。

◎对与你交往接触的人，大脑会很快区分出他们是敌是友。如果缺乏正面的迹象，大脑就会将其预先判断为敌人。

我们可以尝试以下方法：

（1）每当新认识一个人，就尽快花几分钟，与他建立人际联系。如果能找到一些共同点，就能降低大脑自动产生的威胁反应，甚至排除威胁。

（2）与未来想合作的人成为朋友，分享彼此的个人经验。

（3）让人际网络里的其他人知道你想进行人际互动，而不是公事公办。要让人在与你相处时，更容易放松。

平等感

地球上每个人都希望受到平等对待，大脑天生就有这样的需求。脑科学家甚至能够详细指出，大脑哪个区域专门处理平等问题。对许多人来说，受到平等对待可能比金钱更具有奖励效果。因此与他人合作时，务必要让对方感到平等。如果做不到这一点，合作成功的希望就十分渺茫。

不妨尝试运用以下方法，满足大家对于平等感的普遍追求，尤其是在与他人合作的时候：

（1）与团队成员互动时，一定要尽量保持坦率、公开、透明。不平等的感觉很容易被触发，因此要为所有人营造出平等的环境。

（2）找到切实的方法来努力提升你所在社

区的平等程度。你可以担任志愿者，捐献资源或是捐款给努力扶助弱势人群的社团。务必要身体力行。

（3）当你与团队成员讨论平等性的问题时，要有面对强烈情绪反应的心理准备。每个人都可能出现情绪，要淡然处之。

地位感

地位感是进行社会行为的第三大动机。一个人会付出极大努力去维持或提升自己的地位。脑科学研究显示，大脑掌管地位感所使用的回路，基本上与掌管所有基本生存需求的回路相同。脑科学的研究证实：

◎一个人只要觉得他在世界上的地位正在提升，奖励回路就会启动，他会感到愉悦。这就是人们花那么多时间去提升自己在工作中的地位的原因。

◎当一个人觉得自己的地位正在下滑，大脑里的威胁回路就会启动。这时，即便与老板或其他地位比自己高的人谈话，他都会深感威胁。

◎当团队里所有人都在努力提升自己的个人地位时，团队成员之间的亲近感就会相对降低。

了解到地位在这方面的重要性，就可以善用以下方法并使其发挥最大效用：

（1）密切注意你的团队成员是否感觉自己的地位正受到威胁。不妨分享你的故事，讲讲个人经历或是自己过去犯的错误，借此缓解团队成员的忧虑。

（2）与自己竞争。关注自己逐步达成的进步并适度奖励自己。就算是小小的进步，也能在你的大脑中产生十分积极的感受，而且这样也不会对其他人造成威胁。

（3）持续给对方积极意见，以缓解其对自己地位受到威胁的感觉。

地位感其实是大脑的 5 大社会需求之一，大脑将其视为首要的奖励或威胁。这 5 大社会需求，在大脑看来与生存问题一样重要：

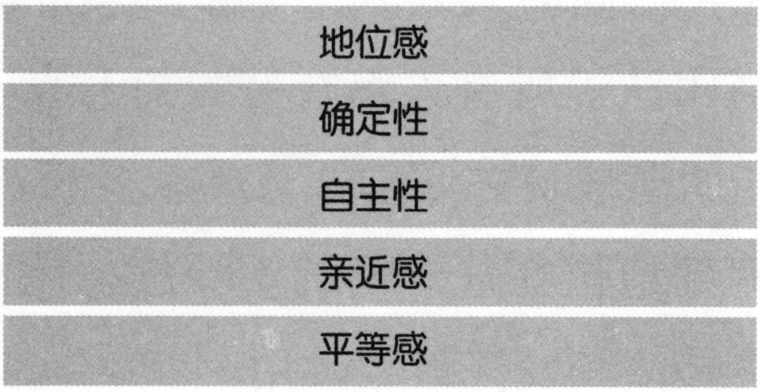

应详细、深入地了解大脑的5大社会需求。如果你能设法同时满足大家的这5大需求，你的团队一定能取得丰硕成果。

关键思维

想想看，如果有人能让你发现自己的优点（提升个人地位），清楚告知对你的期待（增加确定性），让你自行作决定（提高自主性），与你建立人际联系（增进亲近感），而且会平等对待你，那么你愿意与这样的人互动吗？你一定会感到更平静，更愉悦，更有自信，与大家的关系也更融洽，而且觉得自己更聪明吧？你能够处理来自世界各地的更多信息，你的世界也会变得更广阔。这种体验给你的感觉很好，你一定会想与这样的人共事，并且尽最大努力协助他。

——大卫·洛克

五 找出解决办法

一个人要进行改变是很困难的事情，要促成他人改变更是难上加难。其实大脑很善于适应外部世界的改变，不过转移注意力也是促成改变的方式之一。如果你能转移他人关注的焦点，让他们从关注威胁状态转为关注共同目标，你就能提升他们的表现。先别忙着给建设性意见——要找出解决办法。

大脑会持续改变以适应外部环境的变化。如果有人找你讨论共同合作的项目，你会很自然地先给对方一些“建设性”意见。

事实上，积极提供意见或可行性建议，几乎毫无例外地会让对方感受到强烈威胁。对方的表现不会提高，因为他只会一心想着你带给他的威

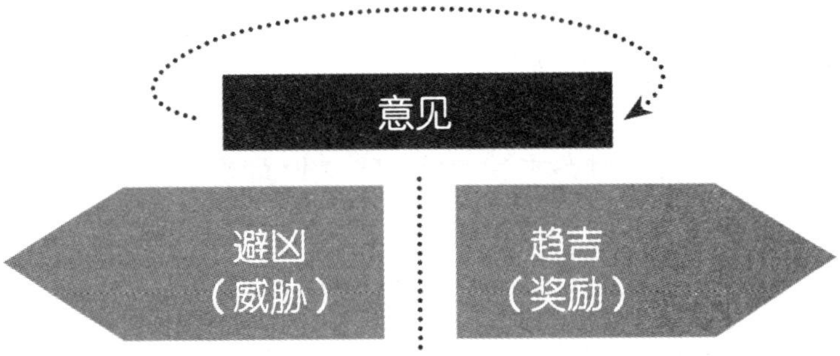

胁，而不会努力改进。

比较有效的做法是让对方关注自己内心的想法，让自己的心智导演给自己提供反馈意见。换句话说，如果你能让对方启动心智导演去检视其内心的思考过程，你就有机会让对方回到轨道上。最好的方法则是激发对方的奖励回路。他人给的意见没办法做到这一点——只有来自内心的反馈意见才能发挥这种神奇的作用。

那么要怎么帮助他人改变？

（1）在开始改变对方之前，你要先准确观察其情绪状态。简单来说，如果对方处于避凶状态，感受到强烈威胁时，不要想着去影响他。

（2）要记住大脑的5大社会需求。在你尝试促成任何改变之前，先运用以下模式，促使对方进入趋吉的情绪状态：

◎运用各种方法，提升对方的地位感。

◎设法减少担心，提高确定性。

◎让对方作更多决定，提升自主性。

◎营造更多机会，增进双方的亲近感。

◎提高所有人感受到的平等程度。

（3）要提醒自己，别人要不就是关注你，要不就是关注自己的担忧，两者无法并存。吸引到对方的注意力之后，就要让他在大脑内建立新的心智联系。常见的方法是通过故事去打动他。另外一个方法是问他正确的问题（例如：过去哪些因素让顾客满意？我们又该如何做到这一点？），引导他自己去解决。第三个方法则是设定一个他能100%接受的目标。重点是要运用各种有效方法，让他建立新的心智联系。

（4）反复提醒大家留意自己大脑里建立的新回路。规划一个项目时，要建立一套制度和流程，并要求你的团队经常讨论。每周开一次会，与大家分享自己的新构想，也让所有人有机会分享自己的想法。要建立新的大脑回路，就必须不断反复提醒。

关键思维

留意自己的思考过程，对于认识及改变你的大脑来说是至为重要的。一位强有力的心智导演可以帮助你注意当下的状况，而不是无意识地采取行动。有了好的心智导演，你就能作出选择，而这些选择会改变你的大脑，改变神经、心智以及随之而来的具体行动。希望你已经找到一些创新方法，去打造你的心智导演。

——大卫·洛克

建设性思考按步走

Think Better

Your Company's Future Depends on
It... and So Does Yours

原著作者简介

提姆·赫森（Tim Hurson），思考X次方智慧资本公司共同创办人，该公司就建设性思考与创新开展研讨会、训练及咨询业务。毕业于美国欧柏林学院，是创意教育协会讲师及理事。曾为多家小型非营利组织及《财富》500强企业提出创新、营销与新产品计划。

本文编译：许恬宁

主要内容

轻松读大师

一　究竟发生了什么

首先要为采取行动营造环境。要彻底了解状况，可以问一些试探性问题：

◎究竟要解决什么问题？

◎这个问题对绩效有何影响？

◎现在的状况如何？谁是关键人物？

◎这个问题的理想解决方案是什么样子？

在急着替问题找到解决方案之前，你要先花一些时间确认你真的了解问题所在。在许多时候，你可能很想马上开始寻找答案，但这可能与事无补——你可能替错误的问题想出一堆解决办法。与其如此，还不如一开始先花点儿时间，了解到底发生了什么。

如果要彻底、全面地了解发生了什么，请找

出以下 5 个问题的答案：

（1）挑战是什么——找出谁对现状不满，或是谁会付出最大代价。厘清目前是哪里出了问题。列出一张长长的单子，写下所有想得到的挑战。

（2）影响是什么——针对每项挑战，想清楚如果置之不理又会怎样。列出长长的挑战清单以及相关的影响之后，选出其中你认为最重要或是感受最强的几项。将清单缩减至 1 ~ 2 项挑战。

（3）对此了解多少——针对 1 ~ 2 项主要挑战，写下你所了解的一切，然后加上所有你还不知道但觉得应该了解的部分。再从两份清单中选出几件你知道或应该知道，并且对于全面认识那项挑战最重要的项目。

（4）谁已牵涉其中，或未来可能介入——除了从你自己的视角出发外，也要从其他相关人士的角度看那项挑战。详细补充他们的看法以及挑战与他们有何利害关系。

（5）这项挑战被彻底解决后，希望情况变成什么样子——你的目标就是这项挑战彻底解决之后想达到的目的地。坐下来，用笔简短描述问题解决后你希望看到的未来面貌。你可以无拘无束地想象。也许可以用造句的方式写下：“如果……的话会很棒。”要以强有力的字眼描述你的未来目标。

建设性思考案例 1-1

美国夜间航空公司是一家试图将业务扩展至全国的区域性航空公司。它正在寻找可行的方式，让自己与西南航空、捷蓝航空及其他航空公司有所区别。夜间航空决定改造旗下波音 737 客机的中间座位（位于窗户和过道之间的座位）。目前的配置是两侧各三个座位，中间一条过道。夜间航空公司对这 5 个问题的回答如下：

（1）挑战是什么——737 客机的中间座位并不舒服，有点儿挤，有点儿窄。更尴尬的是，靠窗乘客得从中间座位乘客身上越过去才能去洗手间。这种座位没有伸腿的空间，个人空间也很少，但票价和靠窗或过道座位却一样。

（2）影响是什么——夜间航空公司的主要顾客是商务人士。坐在中间座位上很难处理业务，因此大部分乘客都不喜欢这种座位。商务旅客觉得搭乘夜间航空是在浪费时间。

（3）我们对此了解多少——76% 的乘客是商务人士，他们对于票价折扣或大量购买的优惠没有多大兴趣。他们需要出差时就得出差。我们需要 70% 的载客率才能获利。

（4）谁已牵涉其中，或是未来可能介入——我们的获利能力直接受载客率影响，换而言之，我们必须填满这些中间座位。商务旅客乘机需要工作空间，抵达时需要精神饱满。我们的营销人员想提供一些独特的服务。

我们的服务人员想和乘客有最少的争执或负面互动。我们的股东希望投资有报酬。航空管理部门则要我们遵守所有相关安全规定。

（5）这项挑战被彻底解决后，我们希望情况变成什么样子——如果可以想出十分吸引人的方式，让乘客主动要求坐中间的座位，那就太棒了。如果我们能以新鲜有趣的方式做到这件事，就能甩开竞争对手。

关键思维

事情一开始总得先有一个幻想。幻想的一个特点就是把某个东西想象得完美无瑕。然后随着实验进行，从幻想回到现实，不断去芜存菁。

——埃德温·兰德

宝丽来摄影器材发明人

◆搞清楚到底发生了什么事，找出真正的挑战，梳理思考的脉络，设定吸引人的未来目标——都很花费时间，但不要省略这些步骤。你可能觉得自己迫不及待地想找出解决方案，但是此刻需要稳打稳扎，然后才能抵达彼岸。

◆“究竟发生了什么”是你整个思考框架的基础。让自己沉浸其中吧。有时只要好好思考“究竟发生了什么”，然后在心中酝酿一段时间（散个步，睡个觉，或只是稍微转移一下注意力），就有可能找出解决方案或是想出杰出的新点子。

——提姆·赫森

二　定义何谓成功

现在，你开始建构一个诱人的未来，吸引自己找出完美的解决方案。

◎想象活在自己理想的未来会是什么样子。

◎拟出一些明确且可以衡量的成功条件。

一旦知道自己理想的未来目标是什么样子，你就可以坐下来，想清楚要如何才能知道自己已经切实达成目标。这件事通常知易行难。你可以描绘一幅引人瞩目的未来图像，利用它把你拉往正确的方向。

定义成功的面貌包含两个步骤：

（1）进行想象未来的练习——拿一张白纸，写下如何解决问题以及活在一个问题已获解决的未来是什么样子。你的描述要生动、鲜明、引人入胜。写下所有想得到的细节，可能的项目包括：

◎写下一旦达成未来目标后的公司年报。

◎写一个新闻稿，宣布将带你达成未来目标的行动方案。

◎用过去式回顾你解决问题的过程。

（2）利用表格列出成功条件——拿出一张白纸，分成以下5栏：

做到	限制	投资	价值观	重要成果

◎做到：详细列出你希望解决方案做到的所有事项。

◎限制：列出所有解决方案绝对不能做的事项，换句话说就是你想要避免的所有事项。

◎投资：列出为了执行你的解决方案，你所有可以取得且愿意投入的资源。

◎价值观：列出所有你个人或组织的价值观，也就是解决问题时不能妥协的事项。

◎重要成果：列出所有你认为解决方案成功时一定要达成的事项。

建设性思考案例 1-2

夜间航空公司用以下方式为自己的中间座位项目给出成功的定义：

（1）进行想象未来练习——商务旅客考虑搭机时，第一个想到的就是夜间航空公司，因为我们提供业界最舒适的中间座位。许多老顾客会指定中间座位，他们觉得那是飞机上最好的座位。事实上，中间座位是如此有吸引力，以至于有资料显示，有乘客搭乘我们的飞机只是因为有趣而不是他有特定的地方要去。简而言之，中间座位让我们脱颖而出——提供绝无仅有的体验。

（2）用表格列出成功条件。

做到	限制	投资	价值观	重要成果
·强大的品牌差异 ·销售增加 ·利润增加 ·士气高涨 ·投诉减少 ·顾客开心 ·回头客增加 ·快乐抵达	·没被提出安全问题 ·难以模仿的服务 ·没有法规问题 ·载客率不会降低 ·价格不敏感	·维持70%的载客率 ·用1万美元证明试验概念可行 ·从批准到试验大约需6个月	·安全 ·持续性 ·顾客满意 ·员工工作环境改善 ·成为首选航空公司 ·座右铭：“您的事就是我们的事。”	·市场占有率跃升10个百分点 ·销售增加10% ·获利增长10% ·中间座位需求增加50% ·达到70%以上的载客率

关键思维

◆这个阶段的成果是未来拉力：一个清楚、诱人的未来愿景。到那时，问题已获解决，未来目标已经达成，一整组可以观察的成功条件已经出现，而成功条件同时也可用来评估可能的解决方案与成果。

◆不论是解决问题，完成任务，还是投篮得

分，未来拉力都是完成目标的重要一环。未来拉力可以让你的意图具体化。一旦描绘出你的目标，达成目标的构想就将自动浮现。你有了具体的意图，你就会注意到你世界里充满各式各样和意图相关的东西。构想与机会似乎从天而降，就像变魔术一样。未来拉力可以激发相关新构想的产生，触发意想不到的联想，是建设性思考和创意思考的核心。

——提姆·赫森

三 锁定真正的问题

现在提出催生变化的问题。为了实现理想或达成未来目标，你得：

在这个阶段，你要试着提出正确的问题。这点非常重要，否则即便你找到非常棒的答案，也可能只是解决了一个细枝末节的问题。

（1）发散——尽量列出一长串可能的问题。用以下形式列举这类问题很管用：

◎“我要如何……”

◎“我们要如何……”

另一种深入挖掘的办法则是使用如下表格：

好处	以问题形式列出所有未来目标的潜在好处
障碍	列出达成未来目标时可能碰到的所有障碍
可能性	列出所有与原始问题无关，但达成未来目标可获得的附带好处

（2）聚焦——列出一长串可能问题后，接着就要运用聚焦法或是批判性思考缩减清单。具体方法如下：

◎挑拣——检视你的清单，剔除可能是潜在答案的问题。

◎汇集——把类似的问题汇在一起，删除重复的想法。

◎结合——把相同主题的问题整合起来。

◎厘清——检视每个集合，依主题命名，去除重复的部分。

◎选择——将所有集合看成一个整体，看看是否有明显重叠的主题一再重复出现。

列出许多选项，再缩减到你认为最重要的一项，之后你就有绝佳机会提出一个攸关你未来目标的关键问题。理想的状况是只剩下一个问题，如果最后剩下好几个也不要担心。你可以稍后再找出哪个问题直指核心，哪些问题则是重复或多余的。

建设性思考案例 1–3

为了提出一些切中要害的问题，夜间航空公司团队坐下来列出一份问题清单，提出“我们要如何”：

——从支付高额票价坐中间座位的乘客身上创造额外的新营收？

——做一些值得报道的事，让我们的表现和竞争对手有所区别？

——改变乘客的心态，让其欣赏中间座位的优点？

——让坐在中间座位成为有吸引力的事？

——让中间座位比其他座位更舒适，

更实用？

——找到合作伙伴，帮助我们增强中间座位的趣味性？

——只吸引觉得中间座位舒适的体形偏瘦的乘客？

——改造中间座位，让乘客不觉得那是中间座位？

——对中间座位作一些改造，让顾客赞不绝口，以此提升顾客忠诚度？

——说服飞机制造商不要生产有中间座位的飞机？

——提供吸引人的中间座位体验，让人们在订票时要求中间座位？

缩减清单后，夜间航空的高层管理团队确定他们催生变化的问题如下：

我们如何改变乘客对于夜间航空公司中间座位的印象？

关键思维

思考“问题是什么”是建设性思考的关键步骤。这个步骤的成果是一个或多个可以帮助想出解决方案的“催生变化的问题”，清楚阐明基本问题或机会。组织在进行这个步骤时，很容易回到证明可行的、安全的、不太惹是生非的问题上。你应该避免这样的倾向。找出让人震撼的问题，这样你就有大好机会找到令你振奋的解决方案。

——提姆·赫森

四　列出所有可能的解决方案

现在你可以提出许许多多可能的解决方案——愈多愈好。在这个阶段不要担心点子的好坏，只要想出很多点子就对了。

为催生变化的问题找出可能的解决方案，大多数人都把这个过程称作头脑风暴。再一次结合发散和创意思考的方式，尽可能多地提出构想，然后再运用聚焦和批判性思考找出哪些构想有可能可行，哪些则不太实际。

（1）发散——尽可能列出各种答案。无论点子是实用、古怪、有争议性、不可能实现、无礼、负担不起、无知还是其他，都没有关系。尽量写下各种不同的解决方案，从每个可能的角度看问题。试想如果你有用不完的时间、花不完的金钱、超能力、绝对成功的保证等，你会如何解决它。寻找有趣的组合，然后另辟蹊径。

（2）聚焦——一旦列出清单，就要开始淘金。理想状况是找出3~6个可能形成有用解决方案的构想，此时也是再次聚焦的好时机：

◎挑出过于疯狂的构想。

◎汇集类似的构想。

◎将不同组合整合成一个有力的概念。

◎用描述性语言厘清并标示每一个组合。

◎选择各组合共通的基本原则。

最后的步骤是选出你要进一步深化的构想。要选几个由你决定，不过在这个阶段，3~6个构想是合理的数字。一定要选出具有原创性的非凡构想，不要选那些已经被证明可行的。如果你选的构想不成功，以后还可以重选清单中的其他选项。

建设性思考案例 1-4

夜间航空催生变化的问题是“我们如何改变乘客对于夜间航空公司中间座位的印象”。团体头脑风暴提出了 70~80 个可能的解决方案。这些构想相当多元，包括：

——花钱请人坐中间座位。

——只让有魅力的乘客坐中间座位。

——让中间座位比其他座位宽敞。

——宣传中间座位是社交机会。

——干脆撤除中间座位。

——赠送中间座位乘客额外里程数。

——改变座位方向让它变得与众不同。

——让每个座位都变成中间座位。

——每个中间座位附赠一张彩票。

——给中间座位乘客提供更好的餐点与

免费饮料。

——让中间座位乘客优先上下机。

——让中间座位更舒适、更豪华。

——给中间座位乘客提供座位下置物空间。

——降低中间座位的票价。

——让中间座位乘客的配偶免费乘坐该航班。

——提供儿童游戏区或工作区。

——让中间座位可旋转。

——让中间座位比两旁座位高。

以及其他各式各样可行性不一的点子。

从这份清单产生 3 个组合：

——提升中间座位的形象。

· 让坐在中间座位变得时髦或性感。

· 让中间座位乘客感到很特别。

· 让中间座位比较便宜。

——重新配置更多空间。

·移除所有中间座位。

·让中间座位面向后方。

·给中间座位安上轨道，使其可以前后滑动。

——向中间座位乘客提供顶极服务。

·给中间座位乘客提供头等舱服务。

·增加顶级地勤服务。

·提供工作区。

·让中间座位成为空中办公室。

从这些组合中，挑出3个构想，使其成为夜间航空最有希望的选项：

——让中间座位面向后方。

——增加顶级地勤服务。

——让中间座位成为空中办公室。

关键思维

在我认识的人当中，没有人比我犯的错误更

多。但是这些错误终究大多转化成我的专利。

——爱迪生，发明家

问题永远不是如何在脑袋里放进崭新的、创新的想法，而是如何剔除旧思维。每个脑袋都如同放着陈旧家具的房间，只要从里面清出一个角落，创意就会立刻填满它。

——迪伊·霍克，VISA公司创办人

五　打磨出最佳解决方案

现在你可以将提出的最佳构想打磨成一个完善的可行方案。首先确认哪个构想符合你设定的成功条件，然后将其加以改进，精益求精，最后进行压力测试。

琢磨可能的最佳方案包含两个步骤：

（1）制定评估筛选表——各个原始构想是符合成功条件还是根本无关痛痒，可以一目了然。从整张表格中可以看出每个构想和其他构想的比较情况。或许会有一个构想特别突出，可以满足所有成功条件，让其他构想黯然失色；也可能有一两个构想不相上下。评估筛选表可以让你着眼大局。选出那个目前看起来最强有力的构想。

（2）利用下表让新构想变成完善、可行的解决方案：

正面因素	负面因素	其他因素	强化	补救
这个构想有什么优点？为什么可能有效？	缺点是什么？这个构想为什么可能失败？	这个构想是否还包含其他尚未提出的因素？	可以用什么方式强化优点？	出现问题可以如何解决？

以上表格可以让普通甚至是薄弱的构想变成完善的解决方案。如果开始使用这个方法，你就会发现它还有许多其他用途，例如在矛盾状态下找出关键问题，进行问题分析或建设团队等。

建设性思考案例 1-5

夜间航空公司用以下方法为 3 个最有希望的构想制定评估筛选表：

	差异化	不会造成飞行安全问题	难以模仿
让中间座位面向后方	√	×	–
增加顶级地勤服务	–	√	×
让中间座位成为空中办公室	√	–	√

注:"√"指符合条件,"×"指不符合条件,"–"指既不符合也不违背条件。

根据这张评估筛选表,挑选出第三个构想进行进一步评估。

正面因素	负面因素	其他因素	强化	补救
·提升中间座位的地位 ·明确差异化 ·如果率先采用,就难以被模仿 ·乘客在飞机上可以与地上保持联系	·仍会被模仿 ·飞机上没有那么多空间 ·乘客仍会有隐私上的顾虑 ·会影响商务舱的乘客	·测试市场需求 ·建立空中办公室俱乐部 ·纳入顶级地勤服务 ·与他人合作增加更多价值	·与办公家具制造商结盟 ·替我们的空中办公室注册商标 ·提供工具,尤其是网络连接 ·让办公室变成躺椅	·建立品牌,整合进我们的形象 ·移除其他座位 ·提供遮蔽与特殊照明 ·将商务舱升级至顶级服务

六　整合资源

现在为最佳可行方案整合组织的所有资源，做好行动前准备：

◎列出所有必须执行的行动步骤。

◎找出所有盟友及可能从中阻挠的人。

◎找人负责每项必要的行动步骤。

◎把步骤依最佳顺序排列。

◎找出所有必须取得的额外资源。

◎观察与记录每个步骤的结果。

制订计划很重要，但这个世界并非永远静止不动。世事多变，因此计划应该是个动词而非名词。计划的意思是准备、了解所有环境因素，并且让自己沉浸在每个细节中。做到这一点，即便市场状况发生变化，你也能恰当地回应，继续向设定的未来目标迈进。

一般来说，在建设性思考过程的这一步，你可以采取以下两个步骤：

（1）定出日程表——一份以周为单位的计划表，上面载明哪些任务必须在何时完成。如果是大计划，试着将任务写在贴纸上，贴在画有各周或各月份的墙面上。将那些贴纸依序排列。当事情发生变化时，便将它们移动到下一周或下个月。建立这个可称为“时间长城”的东西，让每个人都知道各个元素最后将如何结合起来。并在每张贴纸上写下负责人的名字，以强化时间长城的效用。

（2）利用资源检查表：

◎精力——需要高度或低度投入。

◎资金——需要哪些财务资源。

◎时间——需要多少时间完成任务。

◎专业技术——谁拥有你一定得运用的技术。

◎状态——必须达成哪些里程碑。

◎物品——需要哪些东西或资源。

对时间长城上的每个任务，都要使用资源检查表。你要非常清楚需要哪些资源，如何挪出时间以及事先要准备好哪些事情，才能完成指定的任务。在每张贴纸上写下你期望任务完美达成时必须取得哪些可观察的结果，这将会很有帮助。你想看到计划正在推进的证据，而不是延期或被别的事拖延。这样做可以让你知道并了解各项任务已在何时达成。

如果能及早找出谁最可能协助你（能帮助你执行计划的人），谁可能阻挠你（会为了某种原因阻碍计划进行的人），那也会有帮助。如果能事先有所察觉，你就可以鼓励协助者，并减轻阻挠者造成的影响。

建设性思考案例 1–6

为提升波音 737 客机中间座位的利用率，夜间航空公司发出以下声明：

夜间航空公司将在飞机上创设一种特殊座位，取名为“夜间航空的空中办公室”。我们将撤除隔排的中间座位，将剩下的中间座位放在滑道上，乘客可以自由调整。我们也将给空中办公室的使用者提供各种有用的工具、特殊照明、隐私隔间以及更好的地勤服务。

我们将成立一个新的俱乐部，名为“夜间航空空中办公室俱乐部”。为了不影响目前的商务舱，我们将升级商务舱，为其提供更高级的服务。我们将在特定市场测试这个空中办公室的概念，再依据结果决定是否进一步全面执行这个企划。

为了让这个概念从有趣的构想变成可以销售的服务，夜间航空在公司总部设立指挥室，将其中一面墙设计成时间长城，然后做了以下事情：

（1）备好一整套贴纸，每张贴纸上面都是一项必要的行动步骤。

（2）把贴纸贴在墙面上，然后检查，看是否完整。

（3）为每个行动步骤指派一名负责人，找出潜在的协助者与阻挠者。

（4）所有贴纸都按照顺序贴在墙面上。

（5）要求每个行动步骤的负责人做资源检查表。制作中，也许会产生新的行动步骤，以取得资源。

（6）为每个行动步骤提出并写下可观察的结果。

（7）制作行动手册，内容包括时间长城上的全部信息。

（8）这项企划的执行责任由夜间航空管理层指派给一位资深企划经理。后者接下任务，确保这个企划能在预定的时间内完成。

关键思维

在准备迎战时，我常发现计划毫无用处，但制作计划的步骤却不可或缺。

——艾森豪威尔，美国第34任总统

要记住你的计划和企划是不一样的东西。一路上你一定会碰到阻碍与变化。你的工作价值不在于制订计划本身，而在于投入计划的心力。

——提姆·赫森

七　不适用的情形

最后，要清楚知道建设性思考模式是什么又不是什么。

想了解建设性思考模式在什么情况下可能不管用，可思考以下问题：

（1）影响——你个人或你所属的团体，是否有能力影响你所关注的议题？如果应对那项挑战不属于你的职责范围，那它就可能不值得你花太多时间或心力。

（2）重要性——这个议题对你个人或你所属的团体来说是否重要？如果不重要，你大概不会花时间、心力与金钱去分析该做些什么。最好等待情况变化或议题自行解决。

（3）想象力——一般而言，需要创新的解决方案时，建设性思考模式最具功效。如果议题有现成的方案，直接采用那个方案会比你量身打造自己的方案更容易更经济。不是每种情况都需要创新解决方案。

如果所有问题的答案都是肯定的，那么你可能适合采用建设性思考模式。如果其中任何一个问题的答案为“否”，那么你就可能完全不需要采用这个模式，或是你应该以不同方式重新描述这件事，让其符合以上条件。

此外也要记住，在以下 3 种情形，建设性思考最后恐怕也帮不上忙：

（1）情况紧急，需要快速、见效的解决方案，而不是全新的建设性解决方案。

（2）事情不值得你花心力去追求好上加好。在这样的情形下，最好还是继续延用现有方案。

（3）当你在组织内没有足够的影响力推动新企划时，使用这套建设性思考模式将变得不切实际。就算情形急需创新解决方案，如果你无法取得资源或拥有足够力量来推动，你最好还是做点儿别的。

关键思维

◆建设性思考模式并不是解决问题的唯一方法，但却是一个有用的方法。我亲眼见到这个模式在数十种领域内成功实施。人们用这个模式解决企业问题、厘清销售情况、拟定技术解决方案、提出新产品方案、拟定营销方案、减少冲突、规划策略、加强关系、减少受挫、为职涯进行定位，并解决个人困境。

◆建设性思考模式的基础就是我们解决问题惯用的三步骤——意识到问题、选择解决方案、采取行动。它再进一步将其转换成全面、可重复的六步骤架构，以便思考得更完善。简单来说，建设性思考可以让你找到更好的答案。它让你不再依靠本能反应，而是提出更具创意、实用且有效的解决方案。有了建设性思考，你可以训练自己在几乎所有情况下提出更多、更好的选项。建设性思考给你提供更多时间、更多工具，让你能够精确了解问题，从大量可能性中选择最佳解决方案，以一种成功几率最大的方式做事。

◈建设性思考将创意思考和批判性思考区分开来。它是一套程序，先摒除成见产生一长串构想，然后再回到这些清单，用先前已经预设的成功条件逐一判断作出选择，也就是列出清单、作出选择。建设性思考的原理就是在创意思考和批判性思考之间持续转换。有了适当的态度、方法和技巧，我们都可以思考得更完善。

——提姆·赫森

与成功有约的黑客之道

Smartcuts

How Hackers，Innovators and
Icons Accelerate Success

原著作者简介

申恩·斯诺（Shane Snow），记者，自诩科技怪胎。Contently Inc. 共同创办人及创意总监，该公司为自由记者提供网络平台，让他们做自己热爱的事。长期为《纽约客》《时代》《华盛顿邮报》《新科学人》等报刊撰稿。毕业于美国哥伦比亚大学新闻研究所及杨百翰大学。

本文编译：许恬宁

主要内容

一　走捷径

走捷径的人总是绞尽脑汁。他们利用黑客思维，找出别人从未注意到但却更短的成功之路。他们不绕圈子，从而让自己更快抵达。

跃上阶梯

在今日世界，黑客被视为麻烦，其实你可以也应该仿效他们的思维。黑客不想爬传统的成功阶梯——他们找出办法，快速爬到自己所在领域的巅峰。走捷径的人也是如此。

比如，美国总统一般比多数参议员年轻。美国总统的平均年龄为 55 岁。相较之下，大多数参议员要到 62 岁才会第一次当选（众议员平均年龄 57 岁）。那么，美国总统是如何在大多数参议员甚至尚未踏进门坎之前，就登上政治的巅峰了呢?

事情很简单。一般而言，总统爬的不是政治领域的正规阶梯。他一般先爬别的梯子，然后才转换到全国政治领域。这让他能跃过所有努力攀爬政治阶梯的人。换句话说，一般的政治人物忙

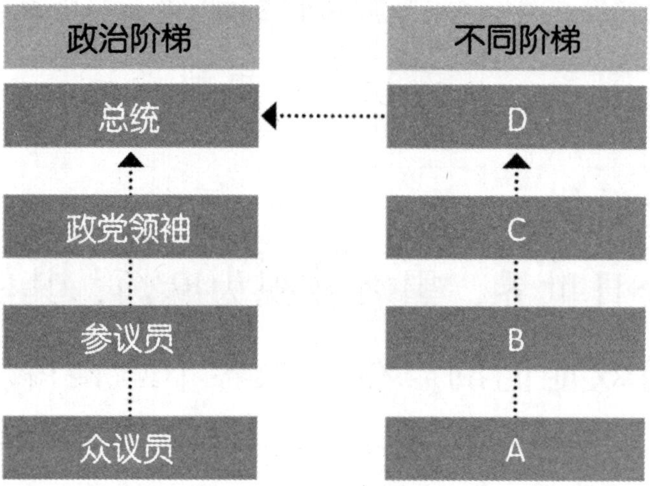

着埋头苦干，而总统则是跃上阶梯。

同样的现象也发生在商界。快速崛起的公司、摇滚明星、CEO，甚至一夜成名的热卖品，通常都像黑客一样，横空出世，让别人相形见绌。他们不会试着走传统模式，而是靠着天分与

技巧另辟蹊径，从一个领域跳到另一个领域。

那么事情是如何发生的呢？要了解跃上阶梯的运作方式，可以想一想在游戏业发生的事。在大学生之间有一款很出名的游戏，叫“更大或更好”。基本上就是你拿一样东西，例如牙签，然后试着一路换取更好的东西。牙签可能换到笔，然后笔换到贴纸，贴纸换成杂志，一路换下去。大约经过十几次的交换后，你或许能把牙签变成立体音响或是更好的东西。

更大或更好游戏取胜的关键是灵活度。你如果不喜欢眼前的交易，就不要浪费时间试图说服对方接受。你可以换一个人，看看他提供什么。这种不失去前进惯性同时还能够快速转变方向的能力，也是美国总统候选人的另一项明显特点。他们能够快速反应、快速思考，因此有办法跃上通往白宫椭圆形总统办公室的阶梯，而不像其他政治圈的人一样，一阶一阶辛苦往上爬。

纽约市一向以横空出世、直抵巅峰而出名。

歌手弗兰克·辛纳屈甚至通过歌声让这个概念生命长青："如果我在那里能成功，我在任何地方都能成功。"纽约一向是全球艺术家、商业人士与梦想家的标杆。快速爬升的政治人物利用这条辛纳屈原则，让人看到自己的可信度与能力。人们判断总统候选人时，并不看他在政界待了多少年，而看他的领导能力如何。那就是为什么指挥一支军队（华盛顿或艾森豪威尔），管理一所大学（威尔逊），或管理一个州（里根）会比在政界努力了多年重要。

在商界，这种跃上阶梯的思维同样有效。尽管手机市场由大型电信业者掌控，但史上卖得最快、最具革命性的手机却是由个人计算机制造商推出。同样，任天堂尽管是从生产纸牌与经营出租车行起家的，却抓住机会打进了美国街头电玩市场。

关键思维

◆我们生活在一个不再攀爬传统阶梯的时代。不只政界如此，商界、职涯、教育、娱乐及创新都是一样。这是个好消息，抛开埋头苦干的典型做法将引领我们走向唯才是用的时代。

◆更大或更好游戏说明了一个有趣的事实：如果一件事感觉只是跨出一小步，人们一般来说都愿意冒险。研究人员称这种心理为“小赢”。另一方面，赌徒则称之为“连本带利赌下去”，也即“一连串赌博的本金，以及每次赌博赢来的钱，都成为下一次赌博的赌本”。

——申恩·斯诺

接受大师训练

如果你有导师，便可以避开他们犯过的错。好的导师还会提升你的学习速度。与其花数千小时掌握某种技能，不如让导师引导你做事，你可以更快达成世界级的表现。

找导师的唯一问题是成功率充其量也只有50%——有时结果很好，但也有很多时候导师不会带来太大帮助。从创办人传到第二代的家族企业，正好印证了这种情况。超过七成的家族企业在第二代失败，尽管在他们家里就有一流的导师。

真正让导师发挥作用的秘诀是他们必须在一旁引导你的整个旅程，而不只是帮助你掌握某种技能。换句话说，只有当导师成为你的朋友并真心希望你胜出时，他才能发挥作用。如果你的导师只是被指派给你，他很可能敷衍了事。非正式的指导远比正式的指派有用。

要说明这点，可参考伦敦大奥蒙德街医院GOSH外科团队的经验。医生们试图找出院内儿童心脏科死亡率居高不下的原因，结果发现当他们将儿童的生命支持设备——例如监护仪、呼吸机、血管扩张器，从手术室转移到推车、再到重症监护室的病床时，交接程序中可能发生各式各样的问题。信息传递做得很差，导致正在康复的患者出现并发症。

GOSH 团队在电视上看到一级方程式赛车比赛，留意到维修区的技师能够在 7 秒钟内更换 4 个轮胎并加油，还能立即修车。GOSH 团队的医生打电话给意大利的法拉利公司，询问能否观摩其技师训练。法拉利应允了，医生们随即亲自前往意大利。

医生们发现法拉利的维修团队有几个值得注意的地方：

◎他们详细研究什么地方可能出错以及万一发生问题时要如何应对。

◎他们反复练习正确的操作程序，直到成为习惯。

◎他们操作时，彼此之间会保持距离，不会妨碍他人操作。

◎法拉利有专门的监督者，负责指挥整个作业。

◎法拉利的维修人员安静工作。相比之下，GOSH 团队工作时总在聊天。

GOSH 团队回到自己的医院，开始仿效法拉利维修团队。每个人都被指派负责一套预先规定好的操作程序，持续受训直到操作完美。他们讨论可能发生的意外情形并事先作准备。首席麻醉医师成为整个交接程序的负责人，团队每一个人都安静工作。这么做之后，交接错误减少了66%。

锦上添花的是，在法拉利公司的介绍下，一级方程式赛车指定 GOSH 为自己的官方慈善医院。接下来数年间，一级方程式赛车替 GOSH 募到 300 万英镑以上善款，赛车手们持续为大奥蒙德街医院尽力。

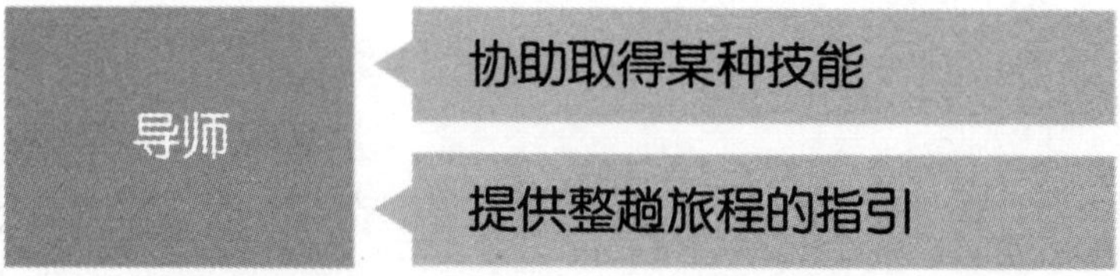

大部分人期待导师协助他们获得某种技能，然而最有效率的导师却是非正式的，他们更有兴趣去帮助你完成整体的旅程。这样，导师才会真正发挥功效——他会在旁边督促你胜出，而且在你可能走错路时，不怕对你说“不”。信任愈深，导生的指导愈可能开花结果。

寻求快速反馈

商界一般认为早期的挫败是很好的学习经验，可以让你知道在未来如果想成功的话，不能做什么。当然，你也希望尽快得到反馈。

只可惜真实世界完全不是这样。研究人员发现，事实上你从观察别人失败中学到更多。

一个人在尝试解释自己的失败时，多半会把自己不能掌控的因素当成失败的主要原因。这让他自我感觉良好——人类天生就会这样诠释失败。不幸的是，这也意味着人不会真正从自己的错误中学习，因为他会把失败归为“运气不好”。

学习如何成功的关键在于允许自己犯错但不

失败。换句话说，你必须创造一种氛围，让自己在学习时可以出错。有一个团体这点做得非常好，这就是芝加哥著名的小型喜剧剧场“第二城喜剧团”。这是一家幽默培训学校，培养了许多成功的喜剧明星，被视为全世界最好的喜剧学校。

每天晚上，第二城的学生会表演90分钟精彩节目。表演结束时，观众可以留下，剧组人员会出来练习即兴表演。他们会说：“我们没排练过，但我们会努力让你们笑个不停。”大部分观众会留下，结果通常都很值得。

由于观众已经赢回票价，因此剧组成员可以做一些非常滑稽的事，以引人发笑。在带来笑声的同时，他们也可以塞进几个想加进正式表演的笑话，看看观众反应如何。如果不好笑也没关系——学生犯错又不会全盘皆输。第二城以这样的方法加速学生的成长：

◎给他们即时反馈，让他们得以学习。

◎反馈不针对个人。

◎减轻失败压力，让学生可以冒险。

事实上，在其他的商业环境下，这也是走捷径的人努力采用的理想模式。在一般的表演课上，学生用整学期的时间准备一场表演，一直到最后一天之前，没有人知道观众会喜欢还是讨厌那场表演。许多企业花数月或数年时间研发产品，一直到了上市那天，产品开卖之后才开始评估消费者的反应。如果有人买，公司就赚钱。如果没人买，公司就会损失整个研发成本。

走捷径的人不会等到产品上市才评估消费者的意见。他们会在研发期间就“试水”，就算产品尚未出现最终样貌也一样。他们会一路测试包装与营销等元素，让数据引导他们作决定。

走捷径的人会深度介入一般的研发过程，把快速反馈当成向导。他们让数据说话，从而缩短研发周期并提高成功几率，最终推出市场想要的东西。这是两个相当吸引人的目标。

二　借力使力

走捷径的人一旦决定缩短路程，就会寻找方法，让自己的努力获得更多成果。他们会找出聪明方法来扩大规模，运用内在力量，并且从他人的努力中获利。他们会借力使力，因此可以少做多得。

利用平台

另一种有效的聪明工作法则是学习如何利用平台来产生最大效用。理解平台的最好方式，就是把它们想成以无缝、有效的方式处理重复性任务的层级。通过利用平台，你可以让执行自动化，让成果倍增。

例如，计算机一层又一层的程序代码让它便于使用。计算机的处理核心是芯片，由数千个开

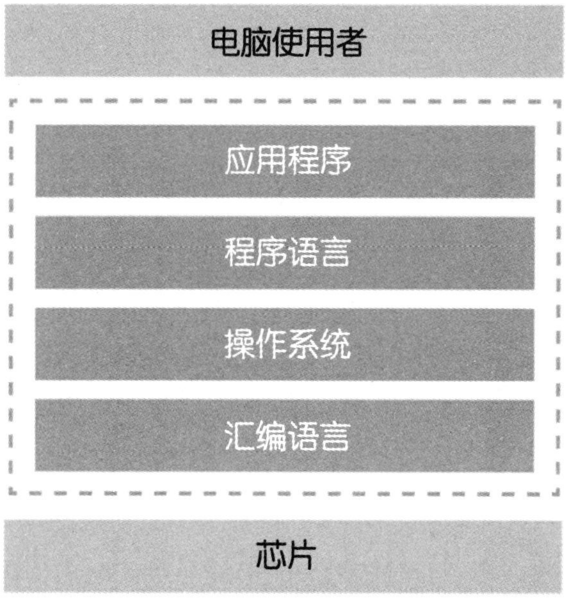

开关关的晶体管组成。在早期，计算机开发者会手动切换这些晶体管的开关，后来则用被称为汇编语言的计算机软件自动切换。接着操作系统研发出来，位于汇编语言之上，使汇编语言更容易使用。最后才是程序语言和应用程序。每一层都是平台。

丹麦的计算机程序设计师戴维·汉尼麦尔·汉森是利用平台捷径的好手。他在计算机界很出名，大家都知道，由于他讨厌做重复的事，他替 Ruby 程序语言研发出附加平台，以处理重复性工作并替数据库命名等。汉森称他的附加平台为“Ruby on Rails”（铁路上的 Ruby），因为他将其想象成一组让 Ruby 应用程序跑得更快的铁路轨道。

汉森是在替一家美国小型网络设计公司“37signals”打造最终被命名为“Basecamp”的项目管理工具时研发出 Ruby on Rails 的。他在网络上分享 Ruby on Rails，立即有数以千计的程序设计师开始使用它。Ruby on Rails 非常容易上手，人们开始利用它做各式各样的新型项目。而几个利用空闲时间写项目程序的人，最后设计出 Twitter。

Twitter 的成功也是平台捷径如何发挥作用的好例子。如果 Twitter 是由传统的软件公司研发，大概会利用 C 语言（一种强大的计算机语言），而且大概得花数月甚至数年时间来不断改进后才能推出。Twitter 没采用 C 语言，而是用 Ruby on Rails，几天之内就在市场上推出并得到验证。这让他们得以快速成立公司，并让研发方向配合Twitter使用者的需求。只要聪明地运用，平台会成为很大的竞争优势。

平台力量可以带来捷径的另一个好例子，就是芬兰成功的教育体系。芬兰学生比同龄人晚一年入学，每天上课时间也更短，考试与家庭作业也比其他国家学生少。然而芬兰学生的数学、科学与阅读测验分数一直在世界上名列前茅。

在教育这方面，芬兰做了什么不一样的事？那里的学生不背诵任何东西——连九九乘法表都不背。事实上，孩子们6岁就开始使用计算器。芬兰没有强迫学生了解数学基础原理，而是让他们专注于学习如何利用替他们做那些事的工具。此外他们也拿iPad来学习如何自己制作游戏、应用程序与设计动画。他们展开学习的方式就是下载和玩自己有兴趣的东西，而不是被迫听课、反复练习。

换句话说，芬兰的教育体系成为一个平台，

让孩子动手学习使用工具，接着成为创新者，建立自己的事业。平台教孩子成为有创意的问题解决者，而不是逼他们背下有需要时很容易就能查到的东西。

芬兰的学习平台能成功，还有另一个因素，就是芬兰的教师拥有非凡资历。作为教师至少得有硕士学位，而且教书这一行备受尊崇，薪水也很高。拥有良好资历的教师，专注于帮助学生学习思考，而不是学习背诵。综合效应让这个小国家的教育体系荣登世界榜首。

关键思维

深挖一个洞，会让你丧失在别的地方再挖一个洞的机会。

——爱德华·德·波诺

如同铺过的路面会让车子跑得更快，一层层的程序代码让计算机工作得更快一样，黑客会找出办法，在事业与生活中建立抽象层，让努力的效果倍增。牛顿把自己的成功归功于“站在巨人肩膀上”——是先前的伟大思考者奠定了基础。平台就是让我们能够那么做的工具与环境。

——申恩·斯诺

赶上潮流

另一种理想的捷径是挤进社会上出现的潮流。你如果能看出不远的将来会出现的巨大商机，就能抢在所有人之前占好位置，从而在对的时间、对的地点，搭上潮流的便车。

该怎么做呢？方法之一是给你的人时间来试验新点子。2012年，Google的AdSense帮公司带来120亿美元营收，大约是Google总营收的1/4。与此同时，Google的Gmail成为全世界最受欢迎的电子邮件服务。Gmail和AdSense一开始都是由员工起头的非正式项目，后来快速成长的原因是它们赶上了消费者需求的大潮流。如果不给你的人时间来试验新点子，大浪来的时候，你甚至都可能不在水里。

另一个跟上潮流的聪明方法是当快速追随者，而不是先驱者。在几乎每个产业，先驱者都一度被视为占有重大优势。人们曾经认为先驱者独享的知识财产，再加上取得专利的能力以及无买方转换成本，效益会非常可观。如今，研究人员已经彻底证明，快速追随者可以从先驱者的错误中学习，利用其打下的基础，因而成功的几率将高出许多。

在各产业胜出的快速追随者包括：

◎通用——超过先驱者福特。

◎ Google——超越 Overture。

◎ Facebook——取代 MySpace。

◎微软——销售超越苹果。

美国南加州大学 1993 年的一份研究调查了 50 个种类中的 500 个品牌，结果发现 47% 的先驱者失败了。令人惊异的是，先驱者中仅有 11% 在 10 年之后依旧是市场上的领先者。与之相比，快速追随者中仅 8% 的人失败，53% 则成为各类市场领导者，而且长期领先。

此处真正的捷径是在社会潮流的影响凸显之前就看清它。如果你能做到这点，先行占位然后让潮流推动你前进——不论你是先驱者还是快速追随者，你都能靠着这个聪明捷径取得最大利益。抓住下一个大商机，可以带来惊人的动能与成功。

关键思维

如同早期横穿美洲平原的拓荒者，先驱者必须一步一个脚印，自己开路，后来的人则可以沿着他们的车辙前进。先驱者必须花很大工夫培育顾客、建立基础设施、取得法规许可，以及犯错——然后取得反馈并调整。快速追随者则可以搭顺风车。先驱者已经在市场培育、基础建设、学习沉痛的教训等方面披荆斩棘，因此接下来的人得以客观地从先驱者的错误中学习，偷走行得通的东西，从而把更多精力花在别的地方。史上许多大企业的赢家都是各领域的快速追随者。

——申恩·斯诺

由于技术与市场的不确定性，先驱者常会错失最佳机会。事实上，早期的市场进入者很可能取得“错误”资源。随着市场演进，那些资源最终被证明价值不高。

——马文·利伯曼 & 戴维·蒙哥马利

斯坦福大学教授

成为超级人脉王

在过去的两个世纪中，大众媒体是企业与数百万潜在顾客接触的主要方式。在今日，网络发行与社交媒体已成为广告与报纸的有力补充。这就是为什么今日的新企业可以快速成长并以令人惊异的速度获得数百万新使用者的原因。

成为超级人脉王的关键，并不仅是有能力

对着数百万人大声喊出信息，你还得与之建立关系。如果没有与你联系的人创造出双赢结果，那么你只会拥有很小的影响力，甚至完全没有。超级人脉王拥有重大影响力的原因在于他们专注于增加价值。

制造双赢结果的一个好例子是作家杰克·坎菲尔德，他广受欢迎的“心灵鸡汤”系列中，其中一本是《给宠物爱好者灵魂的心灵鸡汤》。为了推出这本书，他和一家全国性的宠物产品零售商合作。只要有人购买约45千克的袋装狗粮，就能拿到这本书的半价折扣券。宠物公司积极在全美推销，卖出了大量狗粮，坎菲尔德则卖出了50万册书。

阿隆·帕泽尔在2006年成立了Mint Software，帮助人们简化个人财务。当时的传统思维是像Mint这样的新创公司，需要砸大钱打广告，才能让人们注意到它并带来顾客。但Mint尝试不一样的做法——开设一个博客，提供免费的理财与储蓄信息。事实上，Mint最终成为了一家媒体公司。

Mint的博客文章——提供信息图表及其他吸引人的视觉元素，大受具有影响力的Digg和Reddit使用者欢迎。那些超级用户或超级人脉王口口相传，为Mint.com赢得了数百万访客。接下来的两年里，Mint光靠帮助人们而不是对他们做广告，就得到150万名付费顾客。2009年，帕泽尔以1.7亿美元的价格，把Mint卖给Intuit。

关键思维

◆哪一个比较容易——逐一与1000人交朋友，还是和已经有1000个朋友的人交朋友？哪一个比较快——挨家挨户散布信息，还是一次向100万个家庭广播消息？这就是我所说的超级人脉联结：如同靠着拥有许多辐条的车轴大量联结。

◆这是经典人脉网络的变形。传统思维主张你要大胆地与人交往，并向他们要求东西。通过给予来建立关系则是施多于受，但力量也更强大。

——申恩·斯诺

三 一飞冲天

走捷径的人深信动能的力量。他们从一个立足点移到下一个立足点，然后一直前进，直到找到直奔自己领域高峰的最快速方法。走捷径的人知道，与经验相比，动能是未来能否成功的有效指标。

营造你的动能

2010 年 1 月，两个有趣的视频在 YouTube 上播出。一个是保罗·“熊”·范思格兹放上去的家庭视频，内容是他不断高呼，惊叹自己房子上方出现两条彩虹。那个视频被点阅超过 3800 万次，深夜电视脱口秀主持人吉米·金梅尔形容它为“世上最有趣的视频”。

另一段视频则来自米歇尔·潘，一位 23 岁的越南裔美国化妆师。她上传的是一段教学视频，告诉大家如何化妆成摇滚巨星 Lady Gaga 在《罗曼死》音乐视频中的样子。她的视频也被观看了 3800 万次左右。

两人的起点差不多，但其后范思格兹与潘的表现如何呢？范思格兹随后在 YouTube 上放了 1300 个以上的视频，但没有引起太多人注意。他还卖了几款 T 恤，也没有多大成效。一夜成名并没给他带来太多东西。

与之相比，潘已被视为网络上的化妆皇后。她是 YouTube 在全球范围内观赏次数第二的女性，网页被浏览 8 亿次。她的 500 万 YouTube 订阅者吸引了兰蔻的注意，后者聘她为官方视频化妆师。潘与人共同成立的 Ipsy.com，为一家化妆样品快递公司，付费订户超过 15 万。潘还有一家视频制作公司，广告带来数百万美元营收。

潘的成功与范思格兹无法善用自己的好运之间的区别何在？

潘努力营造动能。她花数月时间研究了

YouTube首页的运作方式，甚至留意到首页不会在周末更新。因此她想办法一定在星期四让视频登上YouTube首页，这样接下来就会在首页上多停留宝贵的两天。

更重要的是，潘还积蓄内容，努力增大效用。她在YouTube上累积内容。这样，因为想看Lady Gaga化妆教学视频而上YouTube的人，就会多停留一段时间，因为那里还有她的其他视频。她不断给订阅者提供新的内容，并靠着这样的方法，把自己的系列视频转变成一份事业，最终演变成自己的公司。

关键思维

成功就像一道闪电，在最想不到的时刻击中你，你只需要让动能保持下去就可以了。

——米歇尔·潘

潘花数年时间积累经验。她努力磨炼自己的技术，并且靠着给予和教学，与媒体公司及知名流行偶像的粉丝建立起超级人脉。她跃上阶梯，从博主变成 YouTube 明星，变成彩妆代言人，再变成创业家。

——申恩·斯诺

直捣黄龙

每年大约有 2000 万名早产儿或体重不足的婴儿出生，其中许多诞生在发展中国家，部分地区人们每天只有不到 1 美元的生活费。在发达国家，这样的婴儿会待在新生儿重症监护室，使用暖箱等价值 2～4 万美元的婴儿生命支持设备，直到恢复健康。贫困国家没有太多暖箱，数百万婴儿活不过 1 岁。世界卫生组织估计，只要有适当设备，约 3/4 的婴儿死亡病例可以避免。

这些严酷的事实让企业顾问陈珍忍不住采取行动。她选修美国斯坦福商学院课程，研究极端需求设计。在那里她与一位工程师、一位计算机科学家以及一位人工智能专业的在读博士组成团队，试着开发价格低廉的暖箱。

他们从制作便宜版本的暖箱开始，但突然想到一件事——就算是非常便宜的暖箱，发展中国家早产儿的母亲也可能无法阅读操作暖箱所需的指示。

当他们把挑战分解成基本元素时，事情变得明朗起来，婴儿最需要的是温暖。当然，干净、无菌的环境也是件好事，然而早产儿的死因是太冷。因此，陈珍团队想出类似婴儿睡袋的Embrace。Embrace是一个密实的保温袋，分为两部分：一部分放宝宝，另一部分放一个在小盒子里预先加热的保温垫。

Embrace有两个好处。首先，它有效。每加热30分钟，保温垫可以保温4～6小时，而且操作容易，即使是文盲也能搞定。这个世界级创新的第二项特色更令人惊艳。1个Embrace只要25美元左右——价格还不到1个完整暖箱的千分之一。

最近创新这个词的定义变得有点模糊，有时等同于一般的改善。然而这个词真正的意思是做出极度不同且本质上更好的东西。你去看史上所有颠覆性的创新，它们都是简化事情，以便省钱或省时间。

比如：

◎电子邮件不只比邮寄信件便宜，使用起来还更方便。你甚至不必找信封或邮票。

◎ U 盘比光盘简单，只要插进去就行。而把你的数据存在云端，比用 U 盘更容易。

◎汽车胜过马车的原因，不只是汽车比较快，也在于它让运输变得更简单。

◎ Craigslist 网站取代报纸分类广告，是因为它比较简单，而且免费。

这解释了为什么Embrace能够拯救世界各地成千上万的婴儿。陈珍团队的设计受到先天限制，他们必须替每天靠1美元生活的人制造暖箱，因此不得不找出那些父母希望暖箱拥有的功能。团队一旦得出答案，便发现设计出有更多功能的更佳暖箱并不能解决问题。他们没有找出更便宜的材质来制作暖箱，而是创造出简单的暖箱，以极为简单的方式发挥关键功能。他们把传统做法“丢出窗外”，结果做出更具创意的东西，超过拥有无限资源可以取得的成果。

不用说，苹果是简约的完美范例。乔布斯称之为“终极的复杂”。苹果开始销售iPod音乐播放器时，避开了盛行的科技“军备竞赛”。其他公司在推销“4G与0.5GHz处理器”时，乔布斯只简单地宣告iPod可以让使用者“在口袋里装1000首歌”。

专注于重要的事，也部分解释了芬兰教育体

系的耀眼表现。他们的学校没有运动队——孩子想运动的话，可以在周末去别的地方进行比赛，他们去学校是为了学习。芬兰学校的所有资源都用在帮助学生学到更多东西上。此外，芬兰学生也不会被迫上无意义的通识课程。他们一上高中就开始学习职业课程。

关键思维

我们发现事情不太对劲，然后问自己：我们需要的是更便宜的暖箱，还是能救宝宝性命的东西？

——纳迦南德·穆尔地，工程师

◆有时更大不一定更好，有时好东西再多一点则太多，有时最聪明的下一步是退一步。暖箱设计的黑客手法是缩小规模思考。陈珍的团队靠着这样的方式，创造出世界级的成果。这教给我们关于重大突破的重要一课：简约常会创造好与令人惊异的差异。

◆黑客剥掉人生中不必要的东西，专注于重

要的事。这就是为什么苹果创办人乔布斯的衣橱里，塞满数十件一模一样的黑色套头毛衣和 Levis 501 牛仔裤——简化他的选择。美国总统也做一样的事。奥巴马总统在 2012 年 10 月期的《名利场》杂志中告诉迈克尔·刘易斯："我不想决定我要吃什么或穿什么，因为我有太多其他决定要作。"

◆天才与总统去掉一天中无意义的选择，让自己简化人生得以去思考。发明家与企业家问：我们如何让这个产品变得更简单？答案将让好变成好到不可思议。

——申恩·斯诺

运用 10 的 n 次方思考

PayPal 创始人埃隆·马斯克 31 岁时，靠着出售公司股份，赚到 1.65 亿美元，他立刻把每一分钱都拿去创办 SpaceX。他的愿景是派宇宙飞船到火星，让跨行星太空飞行变得更便宜。为了达成那个目标，SpaceX 必须减少把东西送到太空的成本，从 NASA 的每千克数千美元，降到数十美元。

这样的挑战显然需要前卫的新方法。SpaceX 建了一家工厂，自己制造零部件，不必支付先前航空航天承包商向 NASA 索取的过高价格。SpaceX 还想出零部件共享的两段式火箭设计。零部件共享相同的夹具与工具，因此可以降低成本。马斯克创立 SpaceX 时，使用了被称为 10 的 n 次方思考的聪明捷径。

Google 在美国加州有一间秘密实验室，名为 Google X。那里的工程师的任务是想出点子，要比目前最先进的科技，还要再好上一个数量级。Google 从这间实验室开发出自动驾驶汽车、增强实境眼镜，以及飘浮在同温层、可给偏远地区提供无线网络的 WiFi 气球。

今日大部分公司试着让现有产品改善 10%。在 19 世纪，10% 的改善可能意味着你必须养出更健壮的马儿。那个时代的 10 的 n 次方速度思考者，则找出方法运用内燃机来取得最佳动力，并在此过程中打造出汽车产业。

有趣而且有点矛盾的是，在今日，追求10的n次方速度的进步，可能比追求10%的渐进式进步还容易。拥有远大目标的公司，会吸引热爱大点子、喜欢飞跃发展的人。这样的关注将带来精彩故事（如果你幸运的话），从而吸引更多媒体、更多顾客、更多投资人，让你生意兴隆。从某方面来说，与其让已经存在于市场上的东西出现渐进式进步，不如追求大胆的远大目标，后者可能更简单。

关键思维

◆10的n次方思考是实现飞跃的技巧。用棒球来打比方：那不是试图上垒，甚至不是瞄准全垒打，而是试着把球打到下一个镇子。当然，不论你练了多少次挥棒或举重，你都无法做到。这样的目标需要你用极端不同的方式思考。

◆大目标会吸引大追随者、大投资者、大资本、大名鼎鼎的顾问和大人才。它迫使我们重新思考传统并跃上成功的阶梯；迫使我们结交大师级人物，并利用时代的浪潮、平台与超级人脉王；迫使我们实现飞跃与简化，快速把失败转成反馈；迫使我们不只变得更大，还变得更好。此外它再次提醒我们，综合以上做法我们可以做到令人难以置信的事。

◆太多人把希望与梦想交给不可靠的运气，然而这个世界上以最快速度成功的人，却把运气掌握在自己手中（虽然他们之中许多人太谦虚，不会那样说）。我希望你自己设计机缘，制造运气，无视传统。今日通往成功的最佳路径——不论你如何定义成功，与昨日已大不相同。

——申恩·斯诺